マンガ 相場の神様 本間宗久翁秘録

酒田罫線法の源流

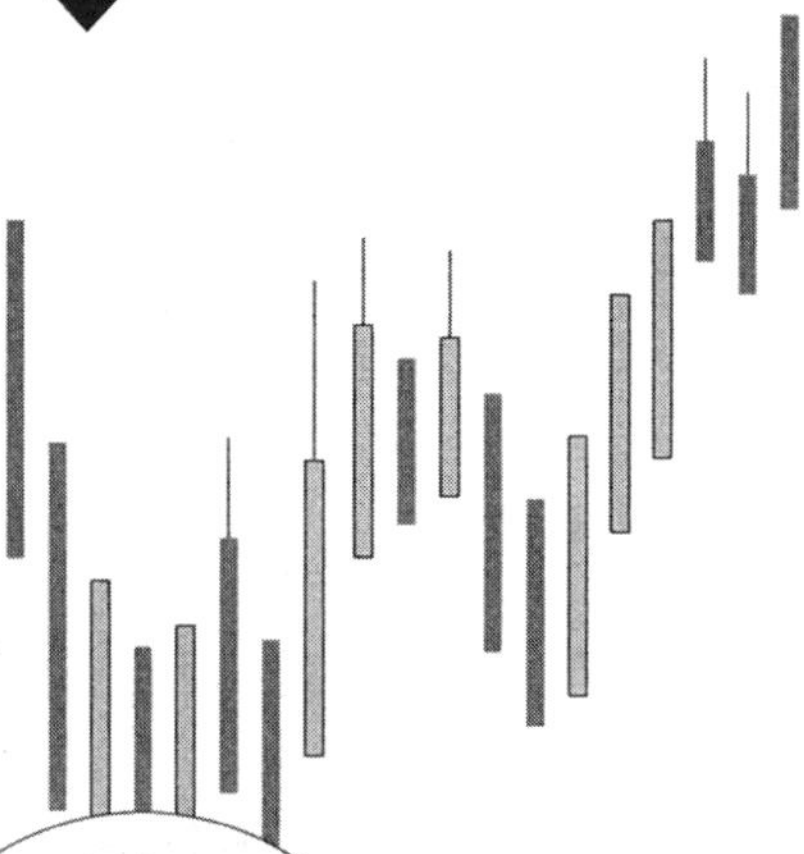

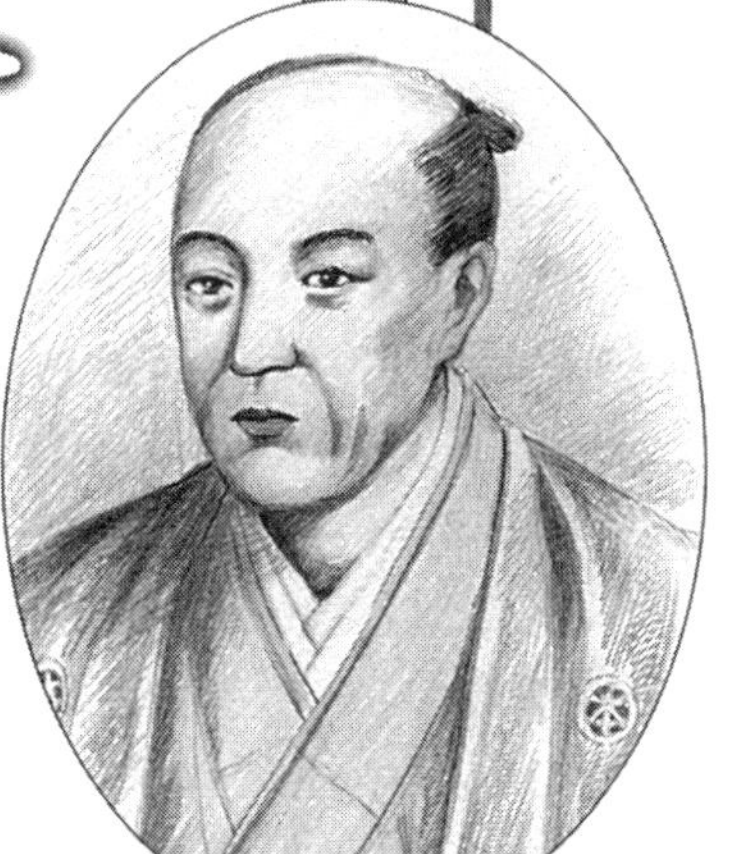

森生文乃［著］

Pan Rolling

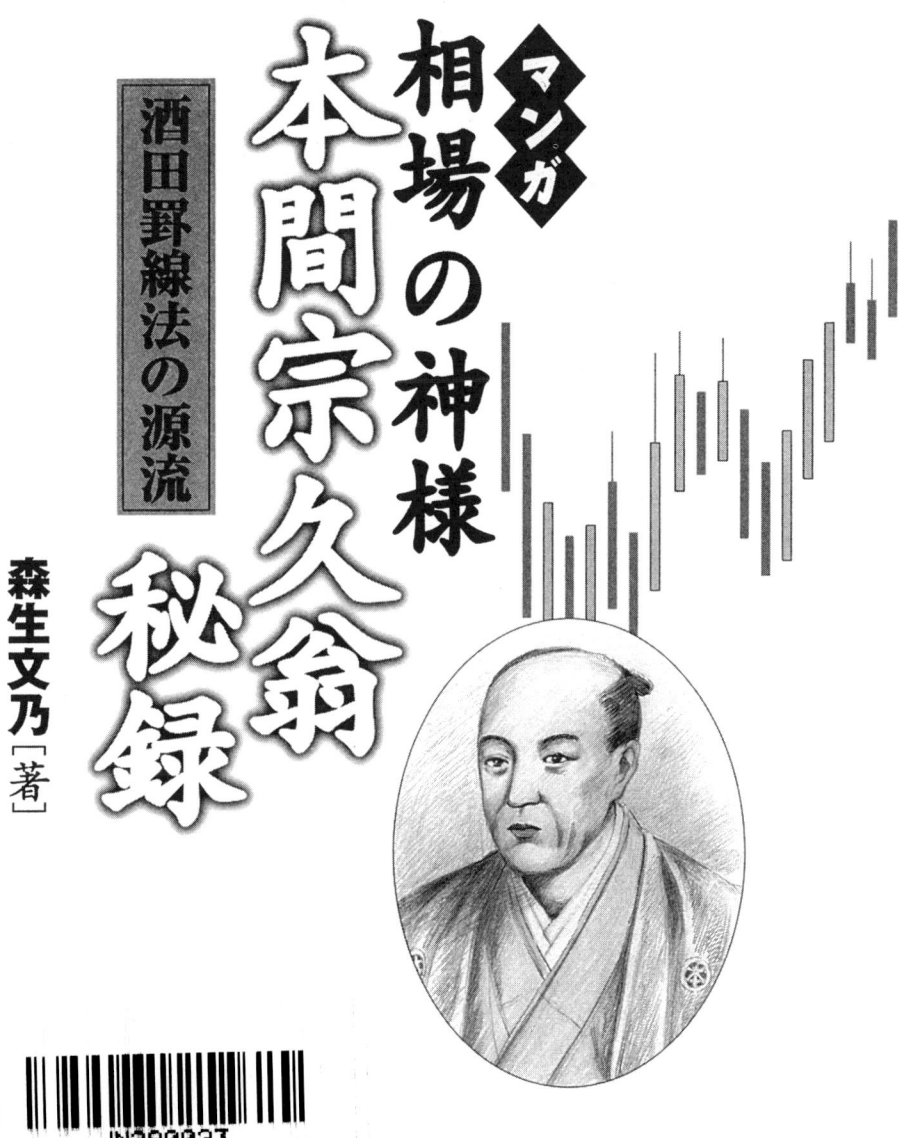

目次

マンガ 相場の神様 本間宗久翁秘録——酒田罫線法の源流

●前段

●中段

●後段

●特別寄稿

序章

相場の神様・本《ほん》間《ま》宗久《そうきゅう》

江戸時代中期
山形県・酒田に
相場で巨万の富を築いた
天才がいた
―本間宗久―
当時の二大米相場
大阪堂島・江戸蔵前で
百戦百勝を続けた
「相場の神様」である

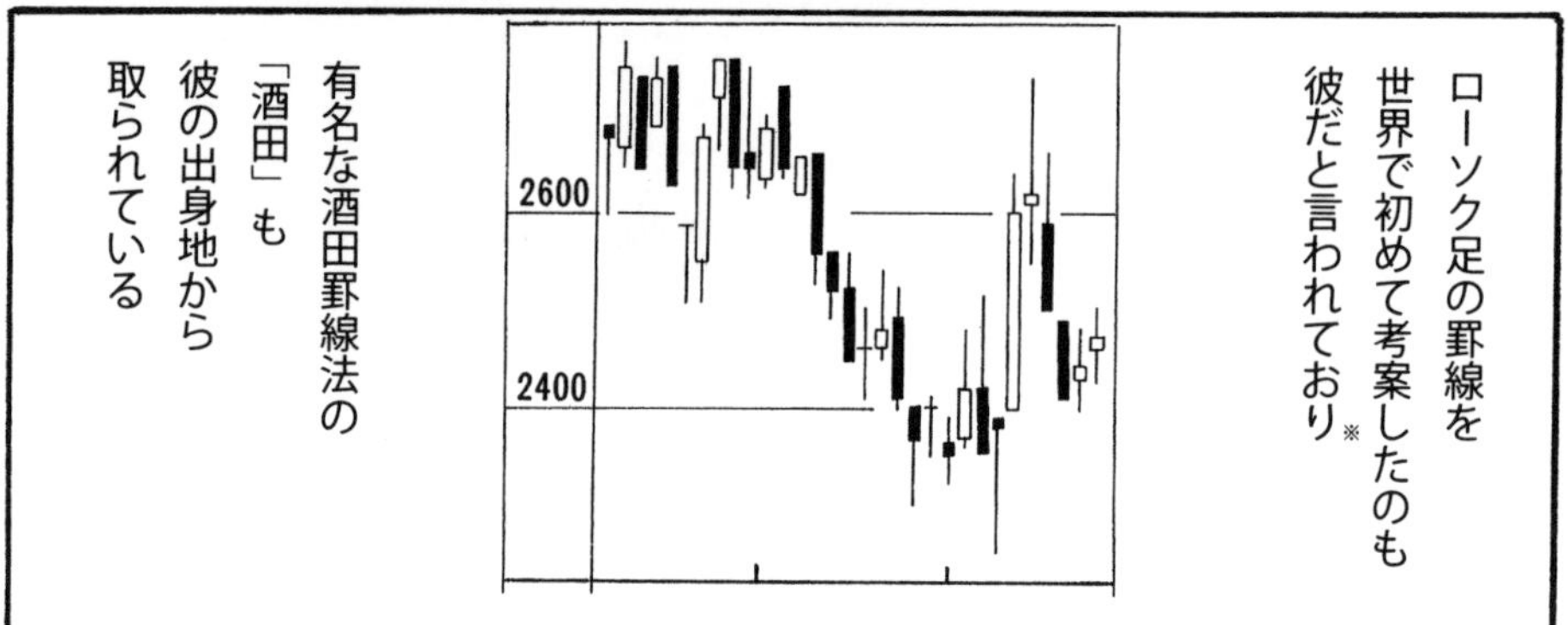
ローソク足の罫線を
世界で初めて考案したのも
彼だと言われており※
2600
2400
有名な酒田罫線法の
「酒田」も
彼の出身地から
取られている

※ただし伝承や流布本が多いため厳密には定かでない。

そんな彼の必勝法をまとめた秘伝書が
本間宗久翁秘録
これ すごいな チャート分析じゃないか！
今でも実践に使えるぞ
この『本間宗久翁秘録』である——
——江戸・宗久邸
先生お元気ですか
おお善兵衛さん！
遠い出羽の国からよく来てくれましたねえ
先生は恩人ですから…
酒田で相場に失敗して路頭に迷っていたとき
先生に助けていただいていなければ今ごろは野垂れ死にしていました
ひゅ—
ヘックショ
この寒いのにどうされました

世の中は自分さえ儲かれば良いという人ばかりなのに先生にはいろいろ教えていただいて本当に感謝しています
やめてくださいな
それより今日はお連れさんも一緒？
はい息子です
ぺこり
ほう赤ん坊のときに見たきりだったが
立派な若者になったじゃないかいいねえ
宗久は一人息子を19歳で亡くしていた
息子を思い出すなあ
ぜひ 先生の教えを受けたいというので連れて参りました
え？私の教えって…相場の話かい？若いのに珍しいねえ
今すぐ始めようというわけではありませんが相場の動きを勉強してみたいと思っています
う～ん

実は うちのお女中からも ずっと教えてくれと 頼まれて いるのだけれど
相場というのは 本来 教えられるものでは ないのですよ
正しく 理解しないまま 実践して 失敗されても 困るし…
そういう人 多くてね…
でも 後世のために 書き残しておきたいとは ずっと思っていました
え じゃあ…
ええ 私も もう 五〇歳を過ぎました そろそろ良い時機かも しれません
おーい 鶴さん あんたも一緒に どうだい？
まあ お上がりなさい
まあ よろしいんですか？ うれしい ですわ

ここに先生のおっしゃることを書き記しておきましょう
ああ それは ありがたいね
では すずりを…
本来は「秘伝」の内容ですが 誤解を恐れずに…
今日は 思い切って お話し しましょう
表面的に ではなく どうか 深く考えて 聞いて くださいよ
はい よろしく お願い いたし ます
では 始めましょう
はい
ごく

第一章

米商《こめあきない》は附出《つきだ》し大切の事

一、米商は、附出し大切なり。附出し悪しき時は、決して手違ひになるなり。又商進み急ぐべからず、急ぐ時は附出し悪しきと同じ。売買共、今日より外商い場なしと進み立つ時、三日待つべし、是伝なり。得と米の通ひを考え天井底の位を考え売買すべし、是三位の伝なり。底直段出ざる内は、幾月も見合せ、図に当る時を考へ売買すべし。商急ぐべからずとは、天井直段、底直段を見ることなり。附出し大切とは、考の外の事出る者なればなり。天井底を知るときは、利運にして損なきの理なり、利運の米は、強気思はず、百俵上げを見切り、商仕舞、四五十日休むべし。休むと云ふは、底直段を見るの理なり。前後能々考へ、受用すべし。

一、商いはスタートが肝心です。どういうときに、どうやって開始したのか。その中身の質が悪いと、その先、必ずおかしなことになります。また、焦ってもいけません。焦るとスタートが悪いのと同じ結果になります。売り買いともに「今日、なんとかしなくては」と心が焦る時は、三日待ちなさい。これが秘伝です。米（相場）の動きを冷静に見て、天井と底をよく考えて売買しなさい。これが「三位の伝」です。底値段が出ないうちは幾月も見合わせ、利の運に合う時を考えて売買するべきです。焦ってはいけないというのは、天井と底をちゃんと見極めなさいということです。仕掛けが肝心というのは、相場では思いもかけないことが起こるものだからです。天井と底を知れば、利に恵まれ、損を避けることができるのは道理です。利運に乗っているときは強欲を出さず、一〇〇俵上げで見切っておきなさい。手仕舞ったら四〇～五〇日は休みなさい。休むというのは、次の底値段を見切るためです。よくよく考えてこの秘伝を使ってくださいね。

先生 「三位の伝」って なんですか？
秘伝だから わざと ハッキリ 言わなかった
がくっ
え
なんて 冗談だよ 番号こそ つけなかったけれど 内容はちゃんと言ったから 自分でつかみ取ってください
それに これから何回も 繰り返しますから 大丈夫
そ そうですか あの「踏み出し」とは 仕掛けのことでしょうか
うむ それもあるけれど… どういう気持ちで始めたのかが まず重要です 強欲にとらわれていない 澄んだ心でないと 見通しが 狂ってしまうのですよ
あの… 最初 人に薦められたとおりにするのは いかがでしょう
よく 聞いてくれました！ それ 絶対にいけません

「自分で決断する」これ　必須条件です
そうでなければ失敗したときに人のせいにしてしまう
あくまで自己責任　そして欲にとらわれない心で取り組んでください
し　しかし凡人はなかなかそんな心境にはなれないように思うのですが
そうだね　だから焦るときは三日待てと言っているのだよ
なるほど…！その三日の間に冷静に考えて見極めよと？
そうです
●『三位伝』
宗久の秘伝は次の3つに集約されるといいます。
一、機を待つに即ち「仁」
一、機に乗ずるに即ち「勇」
一、気を転ずるに即ち「智」
チャンスが来るまで努力して待つ「仁」
チャンスが来たら勇敢に乗る「勇」
そして
次につなげていくために切り換える「智」
――この本からそれを読み取ってください。
三つの相場禅ですね

第二章

下《さげ》相場月頭《つきがしら》強く月末《つきずえ》弱き事

二、下る米は、月頭は強く、月末廿九日晦日迄下る者也。上相場の通ひは、月頭弱く、月末は強く、急上の方也。五月迄の売附は、思入次第廿九日迄見合せ、仕舞ふべし。六月の売附は、決して廿一日迄に、サッパリと仕舞ふべし。

二、値が下がっていく米の動きはこうです。月初めは強いけれど月末になるまでは続かず、二九日、三〇日と下がってしまう。逆に上がるときの動きは、月初めは弱く、パッとしないように見えるのだけれど、月末に強くなって、最後にぐっと上がるのです。五月までの売りは、思い入れ次第で二九日まで見合わせてから手仕舞いしましょう。六月の場合は逆に二一日までにさっぱりと手仕舞いしたほうがいいですね。

先生　そういうの巷でよく見る光景ですね
は？
はじめに威勢のいい人って途中からしょぼくれていくこと多くないですか？
逆に　伸びる人って最初はそれほど目立っていないことが多いように思えます
ははは面白いね
でもそう言われると相場が人間臭く見えてきますね
相場も人間が作り出しているものだからやはり　人間の法則に左右されますね
では　人間のことをよく分かっている人が相場でも有利ですか？
もちろんだね
相場をやる人は人間の心理というものをよく理解していないといけません

第三章
引上大騒《ひきあげおおさわぎ》の節《せつ》
火中《かちゅう》へ飛《とび》込む心持ちの事

三、米段々上がる時、諸国不時申出し、大阪相場も加へ、跡も引上候沙汰、御蔵米等申立、猶々上げ人気も強く、我も買気に付候節、心を転じ売方に付候事肝要也。是則ち火中へ飛入思切、一統騒立節は、人々西に走らば、我は東に向ふ時は、極めて利運なり。人の戻る頃、後れ馳に西に向ふては、何時も利を得ることなし。二ツ仕廻、三ツ十分、四ツ転じ、是第一三位の秘伝なり、忘るべからず。

三、値が上がってくるときは、いろんな良い噂が流れます。（相場取り引きの一番活発な）大坂のことや（米の産地の）最上の備蓄米のことなど、あちこちで景気の良い材料がいっぱい噂されて、人気が上昇します。そうすると、皆、自分も買わなくてはという気になって、「私も私も」と言い出しますが、そんなときこそ心を転じて、売りに回ることが肝心です。これは、火中へ飛び込む決意をするのに似ています。人が皆、西に向かって走るときに、自分だけ東に向かって走るような場合は、極めて利運が高いのです。人が戻ってくる頃、遅ればせに西に向かうようでは利を得ることはできませんね。二つで仕舞って（二番天上で売って）、三つで十分（3回目で全部利食いして）、四つで転じる（4回目はドテンで転じる）これが三位の秘伝です。忘れないでください。

それは なかなか できることでは ないですね…
失敗したとき 自分だけ ハズレなんて いやだもの～
自分だけ 際立ってしまうことや 独りになって しまうことは 確かに怖いです
でも よく考えてください 皆が そうなんです
皆のうしろを ついていくだけの人に 大きなチャンスが あると思いますか？
でも 先生 大失敗ということも あるんですよね？
失敗して 学ぶことも 貴重ですよ
やっぱり 怖いわ
怖いなら やめたほうが いいですね
いえ やります
失敗したら 学びます

第四章
人も我も同じ見込《みこみ》の節《せつ》海中《かいちゅう》へ飛入心持《とびいるこころもち》の事

四、米段々下げ、上方相場替事無、諸国ならびに最上払物沢山の風聞、人気も揃ひ弱く、何程下るも知れ難く、我が考も弱かるべしと思ふ節、心を転じ買入るべきなり。此思切、海中へ飛入心持甚だ成悪き者なれども、其節疑の気を生ぜず買ふべし、極めて利運なり。下と見込む時、思入の通下る者なれば、心易き者なれども、人気下ると片寄る時は、却て上る者故、考に及ばざるなり。上も同断、即ち海中に飛込む心持、極意なり。

四、今度は下がるときのことをお話しましょう。下がるときはぼちぼちと各地でいろんなマイナスの噂が立ち始め、米産地の最上でも払い米（売り）が沢山出る、などと噂が立ったら、どんどん人気が下がっていきます。すると、どこまで下がるかわからないという不安な気持ちになって、弱い心にとらえられてしまいます。しかし、そんなときこそ、心を転じて買いに入るべきなのです。これは海の中に飛び込むような気持ちなので、なかなかできることではありませんが、疑わずに買うことが、大きな利運を呼びます。下がると見込まれているときに、見込みどおりに下がるなら、こんなに簡単なことはないのですが、なかなかそうはいきません。往々にして極端に下がると、かえって上がったりするものなのです。迷うことはありません。火の中に入ったり、海の中に入ったりする。この一瞬の判断が極意です。

下がっているときに
買うって
なかなか
できないですよ
海の中…
自分の建玉《たてぎょく》が
あるときは
まるで全身から
血液が流れ出て
しまうような
怖さですもの
そうだね
血を流しているときに
さらに血を絞り出せと
いうようなものだからね
しかし弱気になったときに
そのまま弱気にのまれたら
負けてしまうよ
先生を拝見していると
いつも危機のときに
チャンスをつかんで
いらっしゃいますよねぇ
危機のときが
一番
面白いんだよ
どうしたら
そうなれるんで
しょうか
そうです
ねえ…
宗久の
この極意は
「反対思考法」
とも呼ばれ
現代の投資にも
通じるものです

第五章

冬より正《しょう》二《に》月《がつ》迄《まで》持《もち》合ふ米の事

五、冬中より、正二月頃迄、底直段にて持合ふ米は、三四月より五六月、決して上るなり。

五、米の値で、冬中底値で保ち合ったときは三四月、あるいは五六月になって上がりますよ。だいたい底値が三カ月くらい続くと、上がりが近いことが多いのです。

毎年 必ず そうなるん ですか?
なります ねえ
これは 私が数十年 研究して見つけた 法則なのです
こういったパターンは 基本として 覚えておくと良いですよ
基本を 知っていれば 応用していくことが できますからね
台風や 干ばつの ときは?
そんなときも 予測できる パターンが あります
政治や 人々の意識の 動きによっても 変動するから
いつも いろいろなことに 敏感でないとね
複雑ですね
だから 基本になる考えを しっかり持たないと わからなくなりますよ
わかりました しっかり勉強します 続けてください

第六章　急に下げ急に上《あが》る相場の事
第七章　冬より正月迄《まで》天井直段の米見様《みよう》の事
第八章　七八九十月天井夏下《てんじょうなつさ》げの事

六、急に下げ、急に上る相場は、天井底の日限定まらず見計らひを取て仕廻ふべし。其節、ニツ仕廻、三ツ十分、四ツ転じ、是れ三位の秘伝なり。

七、冬中正月頃迄底直段の米は、五六月上るべし。冬中より正月二月頃迄天井直段の米は、五六月下るべし。五月十分に下る時は、六月急上なり、五月下らざれば、六月決して崩るべし、疑なし。七八九十月迄も底直段の米は、十二月迄に上ると心得べし。

八、七八九十月天井直段の米は、十二月迄に下ると心得べし。思入多き年は、決して夏下げなり。

六、米（天候等の影響で）急に上がったり下がったりすることがあるけれど、その場合は迅速に対応しないといけないですね。二つで仕舞って（二番天上で売って）、三つで十分（3回目で全部利食いして）、四つで転じる（4回目はドデンで転じる）これが三位の秘伝です。

七、冬、正月頃まで底値の米は、五六月に上がるよ。冬から一～二月まで天井値を続けた米は逆に五六月に下がるね。五月に十分下がったときは六月に急に上がる。五月に下がらなければ六月にどっと値が崩れるのは疑いなしだ。七～十月まで、ずっと底値の米なら、十二月に上がると思っていい。

八、七八九十月の間、天井値を付ける米は十二月に下がると思いなさい。思い入れの多い年は、必ず夏に下がりますよ。

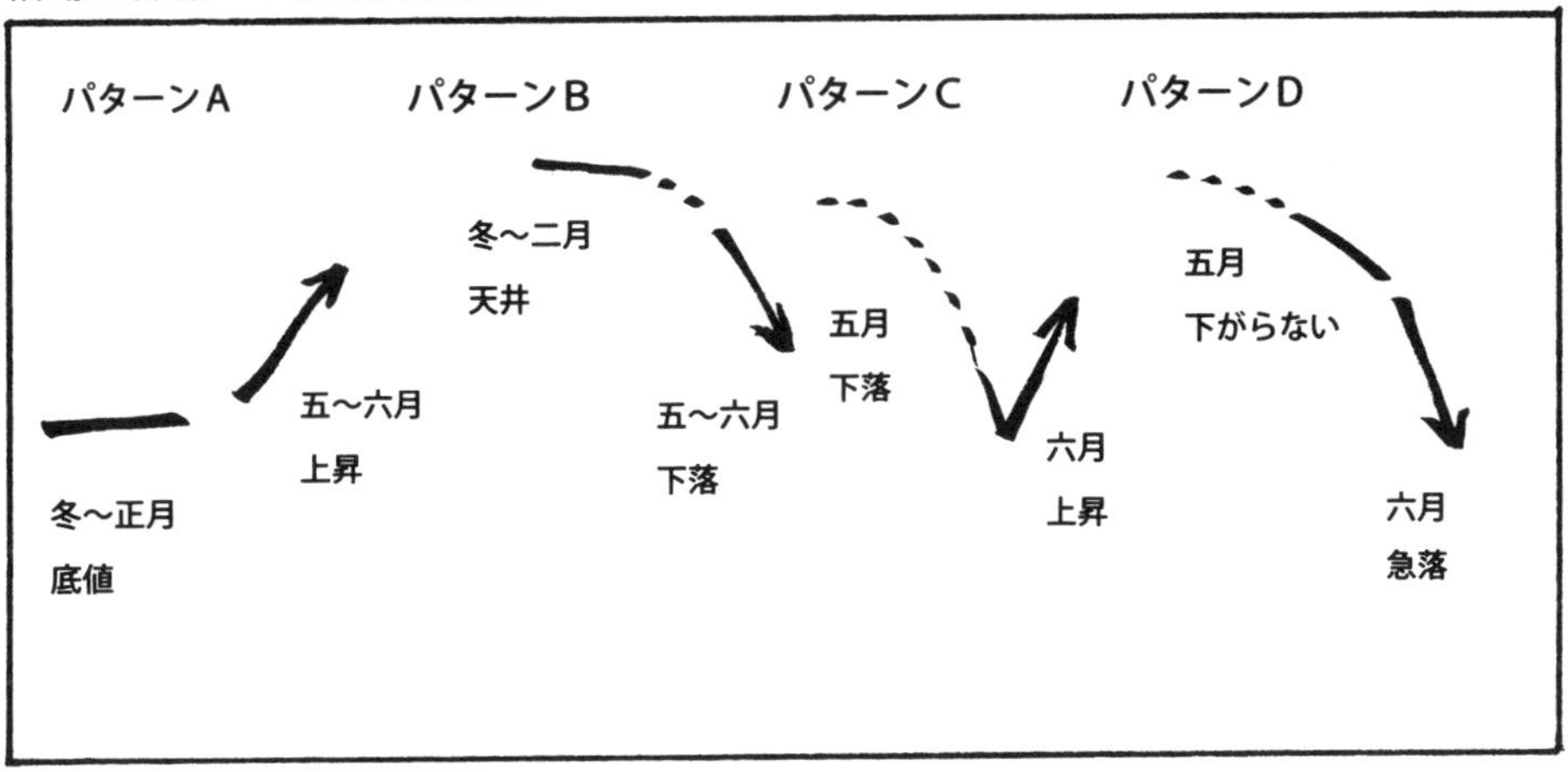
パターンA
冬〜正月
底値
五〜六月
上昇
パターンB
冬〜二月
天井
五〜六月
下落
パターンC
五月
下落
六月
上昇
パターンD
五月
下がらない
六月
急落

「思い入れ多き年」ってなんでしょうか
思惑買いだよ
七〜十月は収穫前の稲穂が熟していく時期だから天候に不安な材料があると皆　心配して上がるんだ　ただし　上がる前にいったん下がる
十二月は心配の時期も去って人の心が落ち着いてくる　それで下げになるんだね
ああ　なるほど
少し　わかってきました
どどーん!
!?

もくもく
何ごと!?
こんにちは
あぜん
私は二十一世紀の未来からやってきました
あのもしかしてあなたが本間様ですか?
はあ

光栄です
私は二五〇年先の未来で相場の勉強をしているんです
先輩から あなたが相場の神様だと聞いて どうしてもお話を伺いたくてやって参りました
はあ そう…
私は神様ではないけれど…
せ 先生 大丈夫ですか? こんなわけの分からない人叩き出しましょうか?
いや いいよ なんだか珍しいお客人のようだ
せっかく私の話を聞きに来てくださったんだから まあ どうぞお上がりください
ありがとうございます
さて 続きを始めようか どこまで言ったっけ

第九章

不作年駈引《ふさくどしかけひき》の事

（前半）

九、当地六七月雨勝涼敷、時候冷々敷、天気稀なる年は、此方近国共極めて不作なり。又九州西国、中国、畿内、東海道、奥州筋共、順気作合年々不同なり。北国上作、関西不作、又西国上作、関東不作、其年々大概東国に順ずると雖も、其違あるなり、能く能く考ふべし。又当地六七月不順にて、稲尺なく、田の中窪み、元簿くとも、六月末方より七月廿日頃迄に照り続くときは、急に見直し上作の方になるなり。又六月より八月迄の間、大風、洪水、虫付等の天災浅深に、能々気を付くべし。此事、当地は申すに及ばず、九州上方専らなり。

扨、霜月限新商、古米※ならびに其年の作の見聞釣合を以て、五六十俵より百俵安に商出初てより、大概四五十俵下げ稀なり。其年の作の見当を以て、商出る故、累年十俵より二三十俵位の下にて、其年の変により上に向く也。上方当地、不作天災等にて、六月出初より急上げになることもあり。何れ其年々、不作の浅深、天災、古米の多少、九州国々の様子にて大阪高下出次第、当地に高下出づる故、油断すべからず、誠に変化極まりなし。但し其年の底直段より起き上る米は、五俵下げては十俵上げ、十俵下げては二十俵上げ、往来して、八、九、十、十一、十二、正月迄に、天井直段出ると心得べし。此天井になり、極不作年は、二三ケ月も持合下らざることあり。正二月頃より少々宛不位になり、四五六月に至り、高直の米故船々も買進まず、特に六月順気能く、土用中照り込み人気悪くなり、殊更六月は、素人、黒人、他所買持の衆共仕舞月故、大崩れになり、七八十俵より百俵下げ位に、段々下がると心得べし。

九、当地（山形、荘内地方）で六、七月雨が多くて涼しい年は、東北近辺の米は収穫が良くないと予想されるね。でも九州や中国、東海地方などよその地域はまたいろいろ事情が違ってくる。おおまかな所は日本全国共通する事もあるけれど、それぞれ違いがあることも良く考えるべきだね。

当地で、六～七月が天候不順で稲の丈も伸びず、田んぼが窪んでるように見え、稲の根元が薄く見えても六月末から七月二〇日ころまで日が照り続けば稲は持ち直します。また六～八月の間は、大風、洪水、虫害に要注意です。このことは当地のことだけではありません。

さて、十一月限の新米は、古米やその年の作柄予想のつり合いを見ながら商いが始まりますが、普通、五～六〇ないし百俵ほど安いところから始まります。その水準からさらに四～五〇俵下げることは稀でしょう。その年の作柄の見当をつけながら商いするので、毎年一〇～三〇俵くらい下げてから上向きになる。大阪や当地に天災があれば六月の初商いから急上げのこともある。いずれにしても、その年の不作の程度、災害、古米の状況、九州の作柄による大坂相場の変動が当地に影響する事もあるので、いろいろ油断すべからず、なのですよ。

ただし、その年の底値から起き上がってきた米は、五表下げては一〇俵上げ、一〇俵下げては二〇俵上げというように行ったり来たりしながら八月～正月までに天井値が出ると心得なさい。こんふうに天井になる不作の年は二～三カ月値が下がらないことがあります。正月～二月頃から少しずつ下がり、四～六月に至って、（まだ高いので船で米を買いに来るのも少なく）、加えて六月に天候順調で土用の照り込みも良ければ（豊作が予想されるので）ますます買う人は少なくなり、新米の立ち会いも始まるので、素人も玄人も今までの買い玉を手仕舞うから、ますます相場は安くなる。そして大崩れで七～八〇俵から百俵位までだんだん下がってしまうものだよ。

あの〜 ちょっと伺いたいんですが
米の相場はほかの商品相場にも通じるのでしょうか
この時代の相場は米だけですが二五〇年後はほかの商品ばかりなんです
…私は値動きの「見抜き方」を解き明かしています
物事の本質は必ず相通じていくと思うのですがいかがでしょう
肝心なのは自分が手を出している商品の値動きが
何によって いつ どのように動くのかをちゃんととらえているかでしょう
あなたは自分が手を出したものについてどのくらい精通していますか?
いやお恥ずかしい…
よく知らないことに手を出してはダメですよ
はい
この章 もうちょっと続くので聞いててくださいね

第九章
不作年駈引《ふさくねんかけひき》の事
（後半）

日、十二日、十三日、人々騒ぎ立て、びりびりと云ふが如き時、是れ年中行付直段なり。又此時年中の売場なり、危く思ひ、油断すべからず。火中へ飛入る思切にて売るべし、大利疑ひなし。甚だ致し難き者なれども、段々持替々々五六ケ月も送る時は、大利疑ひなし。此天井出る後十日計りも、相場落付を見定めたる上、売附くることよし。其外、常に思入立てし売方致時は、極めて不意の上げ来り、損すること決定なり、此事常々慎むべし。新米出初めより、段々通高下にて決定身上釣替の損なり。是極々陽に登り詰め、百人が百人、此時何程上るかも知れぬと、人気揃ひハヤリ立、強気の人々猶々募る所なり。堅く慎むべし。底より起き上る米を買入れ、二三十俵利分附候迚、売返す事あり。甚だ心得違なり。決して売らざる者なり。若し売返す時は、霜月迄の内、天井直段出る時は連落になり、手取なく却つて損出るなり。心得肝要なり。天井際に至る時は、落引を見極ること第一なり。落残りは売返すと心得べし。右は四分半大不作年の事なり。

冬中天井値が出る時は、各地天災またはなんらかの不作の時で、大坂も当地もこの上どれほど上がるか分からない程になり、五、六ヶ月ずっと上がって、一〇日、一二日、一三日もずっと人が騒いでぴりぴりしているような時は、一年中での最高値です。またこの時は年中売り場です。先行きは危ないと思って油断してないようにね。難しいことですけど、火の中へ飛び込むような気持ちで売りなさい。大きな利は間違いないでしょう。(これはさっき三章でも言いましたけど)この天井の後一〇日ばかり相場の動きを見定めたうえで売るのは良いです。こういう状況ではないのに自分の思い込みで売ると不意の上げがあって、必ず損をする。こうした(欲のはった)売りは慎むんだよ。

新米相場では、スタートからだんだん上下しながら上がって来るので、上げはじめの米値は採算を無視しても買いに入るのが、慣れた人のやり方です。細かい上下の下げ目、下げ目で他の売り方が見込み違いで買い重ねて　百俵の上げを目標に二回追証を支払うような(二段下げした時のような)下げの時に買うといいです。

ただし、諸国の作柄が普通で、当地でも八分くらいの豊作の年は、その年によっては六、七〇俵程度の上げで天井になることがありますが、まあ、百俵上げが通例です。九州、大坂、当地とも四分作か、半作くらいの不作の年はばっと人気が出て、他国からの投機する人はもちろん、普通の人も思惑買いするし、農家の貯蓄米も不足し、藩の租税米や貧農への貸し付け用の米まで買い取られるので、大坂でも相当買い乗せの米でも採算無視で買われてしまう。こんな時はいち早く気付くべきです。百俵上げに限らず、一二〇、一三〇俵から一八〇までの上げがある。この時は見計らいが肝心です。

この大天井が出てしまった米は、どんなに思い入れがあっても持っていてはいけません。もし間違って強気を張ると身代を潰すような大損をします。とてつもない上げ相場が上り詰めると、みんながまだまだ上がると考え、人気が出て、強気の人がますます増えるけれど、ここは気を引き締めること。買うのは堅く控えたがいいよ。

底値から起き上がる米を買って、二、三〇俵、利が乗った時点で売る人があるが、これは心得違いです。決して売ってはいけないところだね。もし売ったら、一一月までに天井値が出れば連れ落ち（売り買い両建ての場合、買いで利が出ていても売りで追証がかかってしまう）となってしまい、かえって損が出るものだ。心得ておきなさい。天井間近になっている時は落ち引き（一一月限の米のこと）の見極めもしっかりしておきなさい。買いの落ち残り（一一月限の新米が予想よりなお高値にある相場）は売り返すと思いなさい。以上は四分半作の大不作の年の相場についてのことです。

いや　参りました
本当に細かく
研究されていらっしゃる
のですね
ははは
米のことなら任せなさい
よほど
研究されたんで
しょうね
そう
一四歳のときに
興味を持ってから
ずっとですね
事情があって
実際に売買を
始めたのは
三〇歳だったから
研究ばかり
二〇年もしてた
ことになるねえ
はあ〜

第十章
相場引上《ひき》げ大騒考《おおさわぎかんがえ》の事

十、新商初てより段々引上げ、大騒出で天井直段に成り、其日二俵三分迄出で行当り、其日の内に狂ひ、三俵二三分迄返す。此日の二俵三分に、心を付け考ふべし。此米又一両日の内に、二俵半六分迄通ふ者なれども二俵三分迄引立つ勢なく、クラリ三俵台へ返す者也。此処にて売込也。急に二俵三分迄引上げ候米故、三四俵の内は、人気張詰め居る故、四俵台へ下る時は、又々三俵へ買戻すものなれども、自然と買手なく、五六俵迄下る也。此時乗米を考へ、買入るる者也。極めて三俵台へ上る者也、是大通ひ也。次の月二俵三分を打越し、一二分共上らば、油断なく買入るべき也。又次の月、三俵位二俵六七分にて上留まり候はば、思入に売込むべし。是三位の秘伝なり。

十、新米相場で、だんだん上がってきて、大騒ぎになって天井値になり、その日二俵三分まで上がって止まり、その日のうちに狂って三俵二、三分まで下げ返したら、この二俵三分という天井値を覚えておきなさい。この米はまた一両日のうちに二俵六分まで上がったりするけれど二俵三分まで上がる勢いはなく、のらりくらりと三俵台に戻ります。ここで売り込むのです。急に二俵三分まで上がった米だから三、四俵のうちは人気が張り詰めているから、四俵台に下がるときはまたまた三俵に買い戻すものですけど、だんだん買い手もなくなり五、六俵まで下がります。このときは買いを考えるものです。下げが極まって（陰陽極まって）三俵台へ戻るからです。こういうのが通い相場ですね。次の月に二俵三分を超えて（戻りが強くて）先の天井値より一分でも二分でも上がるなら、油断なく買い入れるのです。また逆に次の月、三俵くらいとか二俵六、七分で上げ留まったときは、思いきり売り込みましょう。これが三位の秘伝です。

いてて
足 しびれちゃった
くずしても いいですか
どうぞ お楽に してください
すみません 行儀悪くて ——しかし 先生 びっくりしました
先生のおっしゃる 米の動きは
僕の時代の 株の値動きに そっくりです！
そうですか
やっぱり基本は 皆 通じているんですね
では安心して 私は米の話を 続けますから あなたは ご自分の状況に 応用してください
はい

第十一章
行付《ゆきつき》天井直段の事

一一、天井行附直段と云ふは、数月の内高下あり、段々五六十俵も引上げ、其後上ぐ可くとも下ぐ可くとも知れぬ様になり、又毎日十俵宛も必死必死と引上げ、売買共に連れ落になり、大騒出る節、上留り年中行付天井直段なり。甲乙丙丁但し、此四つ上げ也。

戊己庚辛壬癸但し此六つ下げ也。上なし、癸を底とす。右暦十二ヶ月の下、月々の干支なり。其年により甲より上初め、丁迄に上ることもあり、甲切に上げ留ることもあり、乙より上ることもあり、丙丁に上ることもあり、戊己に遅るることもあり、十に八九、甲より上ること多し。百俵上を的にするときは、利を得ずと云ふことなし。何れにも、此四ツの内に、上げずと云ふ事なし。戊より癸迄、六つの間上げなし、下げとす。癸を底直段出る月とするなり。又不時天災時の変により、戊より後れ、辛迄上げ終ることもあり。此事三十年に一度、極々稀なり。右、明和五年より寛政九年迄、相違なし。

一一、大天井になるときは数カ月、高下のもみ合いがあって、次第に五、六〇俵上げ、その後あげるとも下げるとも判断がつかないような状態になって、それから毎日一〇俵づつ、ずんずんと上がります。そういう展開で、売り買いともに連れ落ちとなり、市場が騒然となったとき、ここが上げ止まり。一年の大天井。暦からいうと、甲、乙、丙、丁、の四つの月が上げ相場。

戊、己、庚、辛、壬、癸の月は下げです。癸は底値の月です。これは干支による目安だけれど、その年によって甲から上げはじめ丁まで上がることもあり、また甲の月で上げ止まることもある。乙から上がることも、丙、丁になることもある。さらに戊己になって、遅れて上がることもあるが、十中八九は甲から上がる。私はこの考えで、百俵上げを目標に相場に臨んだとき、利を得ないということがなかった。いづれにしても、前記の四つの月のうちに上がります。戊から癸までの間は下げです。癸を底の出る月とする。また、突発的な天災地変によって、戊から遅れて辛まで上がって終わることもある。けど、これは三〇年に一度の稀なことです。

すみません あの 甲・乙・丙って サッパリ わからないのですが
二五〇年後の 日本では そういう暦とか 使ってないんです
え 暦に 干支を 使わないの⁉
それは びっくりだなあ
なんですか 干支って
陰陽五行循環 といってね 中国の易経という スゴイ本が あるんだけど 読んだことはない？
ないです
う〜ん
万物が 循環する 自然の法則に ついて 書いてあるの だよ
それが 相場とも 関係あるん ですか？
もちろんだよ
私たちは 大自然や大宇宙の 動きと連動して 生きているんだからね

はあ~
ここで少し
陰陽五行の基礎を
ご紹介しておきましょう
現代でも陰陽五行を投資予測に役立てている方はいらっしゃいますよね
へぇ ネットでも見られるんだ
陰陽五行思想とは古代中国の哲学
それによれば
原初 宇宙は天地未分化の「渾沌」であった
この混沌の中から光に満ちた「陽」の気が上昇して「天」となり
「陰」の気は下降して「地」となった
このふたつは もともとひとつのものから派生した同根の間柄である
陰陽二気はまったく相反する性質で異質のものであるが
もとがひとつなので互いに引き合い親密に往来し交感・交合する

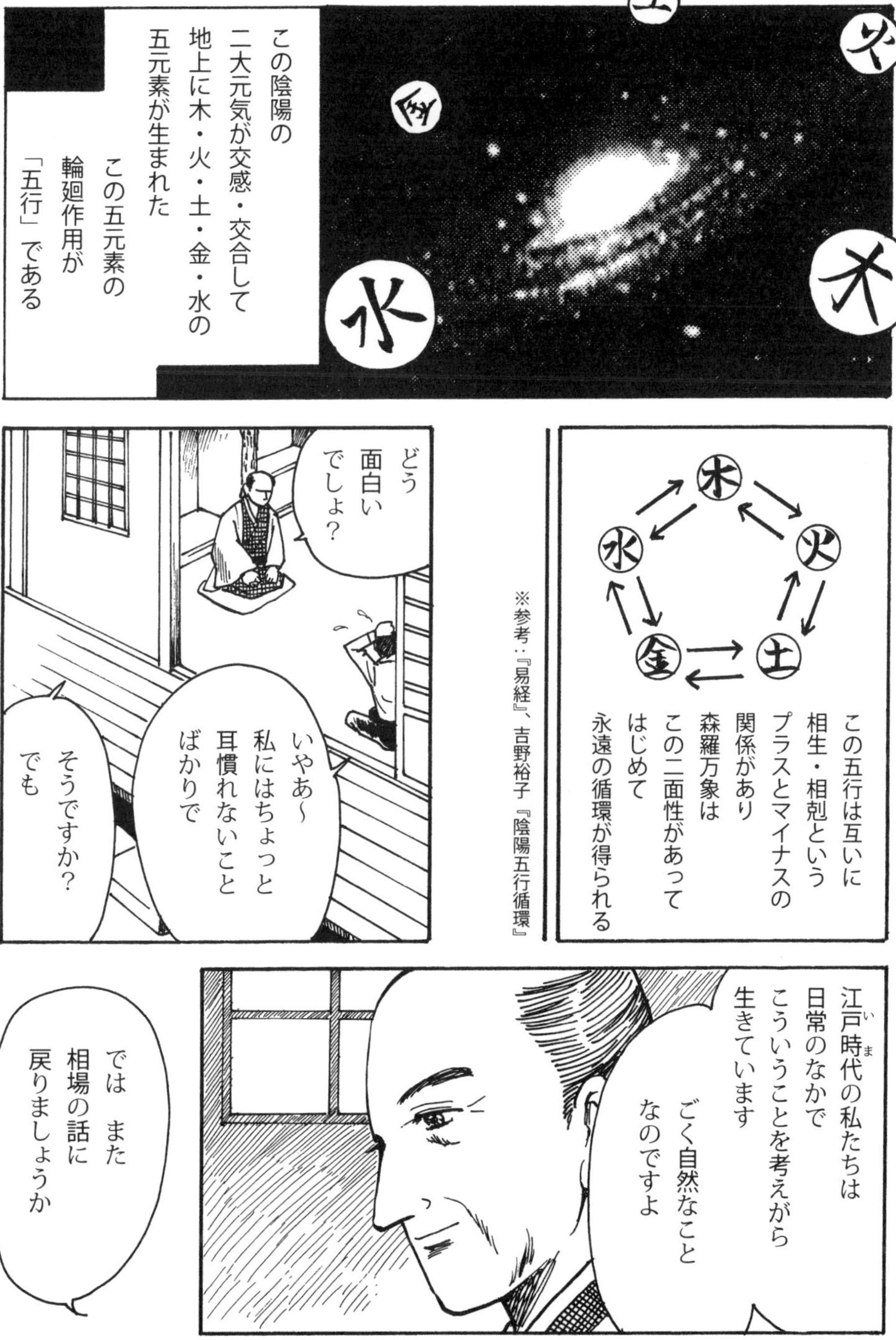
この陰陽の
二大元気が交感・交合して
地上に木・火・土・金・水の
五元素が生まれた
この五元素の
輪廻作用が
「五行」である
土
火
金
木
水
木
火
土
金
水
この五行は互いに
相生・相剋という
プラスとマイナスの
関係があり
森羅万象は
この二面性があって
はじめて
永遠の循環が得られる
※参考：『易経』、吉野裕子『陰陽五行循環』
どう
面白い
でしょ？
いやあ～
私にはちょっと
耳慣れないこと
ばかりで
そうですか？
でも
江戸時代《いま》の私たちは
日常のなかで
こういうことを考えながら
生きています
ごく自然なこと
なのですよ
では また
相場の話に
戻りましょうか

第十二章
三位《さんみ》甲月《きのえづき》秘伝の事

一二、七月甲に廻る年は、上方当地共に天災にあつて、七月より急上げになること度々なり。此年六月より、油断なく買入るべし。天災なく共、十二月頃迄に大阪引上げ来て、百俵以上の天井出づべし。七月に廻り候節は、上方当地共上作にても、構ひ無く買入るべし。又何れの月にても、百俵より百弐十俵位、甲に急上にならば、跡に上げなしと心得べし。五六十俵上なる時は、丙丁にも上有りと心得べし。塞西へ廻る年は、決して大上げ疑なし。六月より油断なく買入るべし。八、九、十、十一月天井出づべし、其後三四十俵下にて持合ふ内、三月、正月、十一月甲に廻る故、此時又五六十俵上有り、疑なし。秋春往来に儲くる年也。天井直段の節、初年百俵より百二十俵、百六十俵、百八十俵位の天井出る共、二年目は初年より不足、三年目は尚不足と心得べし。翌春下げ候節も、右に準じ、下不足也。上下の月数俵数共に、位附の書にて見知るべし。三位の頭月になりても上らず、却て三四十俵急に下ることあり。間違と思ふべからず、丙丁に上ること疑なし。五月、三月、正月三位に廻る時は、新米の的なし。然れども、其年何程上作にても、売方すべからず、三十俵面ならば買ふべし。

一二、七月が甲月に当たる年は、天災が起こりやすい年回りなので、七月から急騰することがたびたびあります。この年は六月から油断なく買いに入りましょう。天災がない場合でも一二月頃までに大坂相場が上がり、百俵以上の天井値が出ます。七月に入って豊作だと予想されても、かまわず買いに出ると良いです。また、いずれの月でも一〇〇から一二〇俵くらい甲の月に急騰するなら、その後に上げはありません。五、六〇俵上げの時は丙、丁の月にも上がります。塞が西に回る年は、必ず大上げです。六月から買いましょう。八、九、一〇、十一月には天井値が出ます。そのあと三、四〇俵下げて保ち合いに入りますが、三月、正月、十一月が甲に回るので、間違いなく五、六〇俵上がります。これは秋春の往来相場でのチャンスです。天井値の折、初年百俵から一二〇、一六〇、一八〇表の天井が出ても、二年目は初年より不足、三年目はなお不足と心得るべきです。翌春下がる折も下げ不足となります。上げ下げの月数は位附の書を参照してください。三位の頭月（甲月のこと）でも上がらず、かえって急に下がることがありますが、間違いなく丙、丁のときは必ず上がります。五月、三月、正月が三位（甲）になる時は新米の予測ができない。でも、どれほど豊作でも売りに回ってはいけません。三〇俵台なら買うべきです。

「甲」がよく出てきますね
甲は草木の種子がまだ厚皮をかぶっている状態
新しい生命が内にあってこれから出ようとしているときだ
陰
陽
12月←
→1月
9 8 7 6 5 4
申は七月のお盆の月で一年のうちでも陽から陰に変わる重要な月（申月）で伸びるとか台頭するという意味がある
甲も申も変わり目の意味だからこのふたつが重なる年は変動が起こりやすいんだ
甲
申

※ちなみにこの本が出る二〇〇四年は甲申の年。一般に新しい時代の幕開けとなることが多く混乱を伴うといわれています。「大きな変化の年」という占いもありました。（作者）

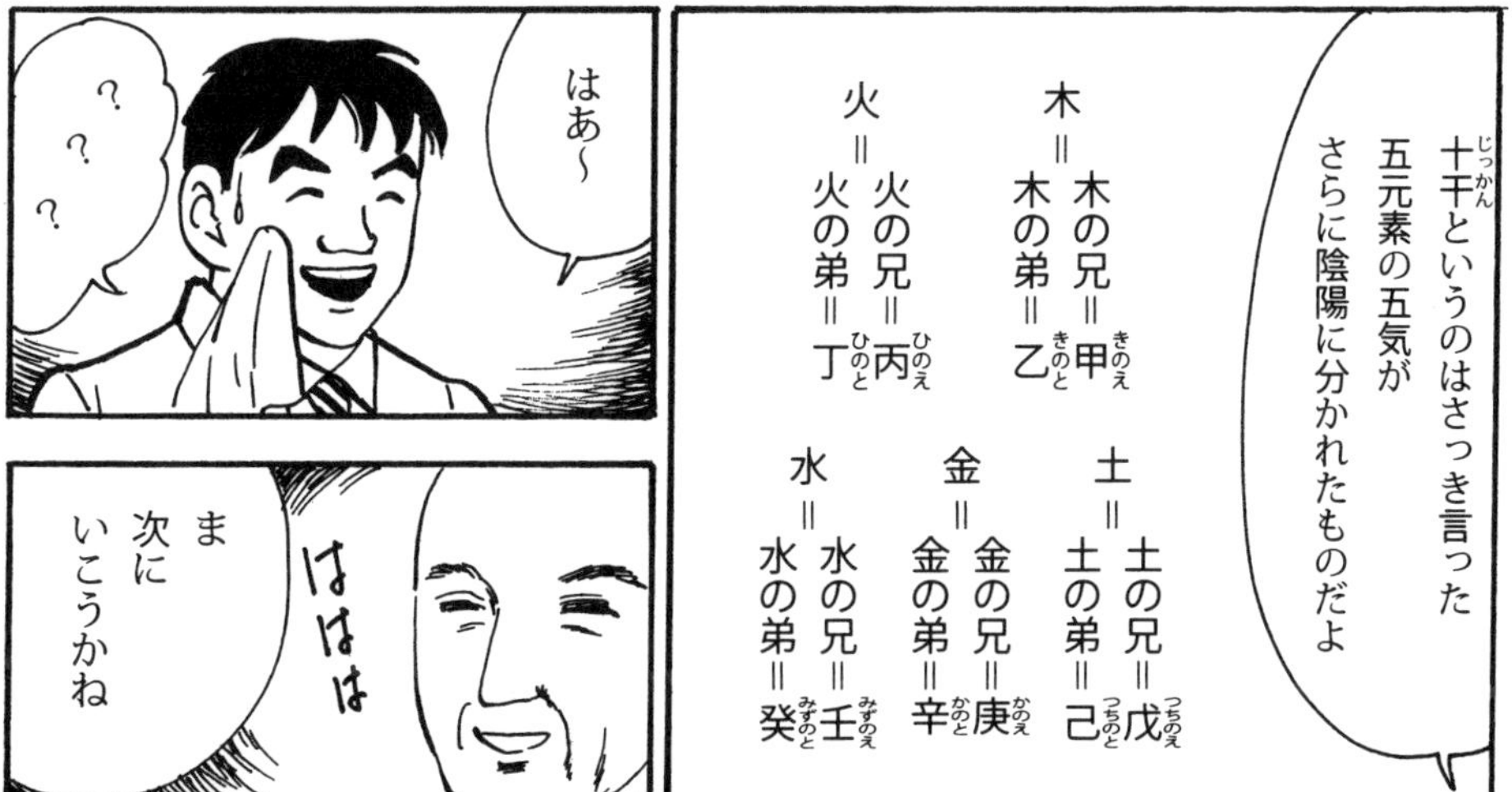
十干《じっかん》というのはさっき言った五元素の五気がさらに陰陽に分かれたものだよ
木＝木の兄＝甲《きのえ》
木の弟＝乙《きのと》
火＝火の兄＝丙《ひのえ》
火の弟＝丁《ひのと》
土＝土の兄＝戊《つちのえ》
土の弟＝己《つちのと》
金＝金の兄＝庚《かのえ》
金の弟＝辛《かのと》
水＝水の兄＝壬《みずのえ》
水の弟＝癸《みずのと》
はあ～
？？？
ははは
ま次にいこうかね

第十三章
冬中天井六月急下げの事《ふゆじゅうてんじょうろくがつきゅう》

一三、冬中天井直段後の下相場は、四分半不作年は、翌春迄人気張詰め下らざるなり。船々買急がず、土用中照込み、田作見事、御蔵米出不足、船不足、旁々人気悪敷なり、六月急下げになるなり。

一三、冬中天井値がついたあと下がった米で、四分半の不作だった年は翌春まで人気があって下がりません。(高いので)買い付けの船も急ぎません。土用の頃(稲の実りに一番大切な時)のお日さまの照りが良くて、田んぼの実りが見事で、蔵に入っている米を買う船も少ないということになったら、そりゃもう人気が悪くなって、六月は急に下がります。

米が不足した年は なかなか手に入らないから しばらく高いけれど 次の年に豊作なら みんな もう買おうとはしない ということですね
うむ そうだよ
需要と供給のバランスで値が決まる
人がどれだけ必要としているか その心の度合いで値は動く
そうか…
僕が株を買った会社は どのくらいの人に必要とされているんだろう 自社利益ばかり考えているところは伸びないかも…
どうしました？
いえ ちょっと考えごとを
どうぞ お続けください

第十四章 二つ仕舞《しまい》、三つ十分《じゅうぶん》、四つ転じの事

一四、右天井直段後の下相場は、五六ケ月の間、一ケ月に十俵より三四十俵、毎月定めて下る者なり。然れども、其時の模様にて、三ケ月下げ、四ヶ月目上ることあり、又五ケ月目より下ることもあり、六ケ月皆下ることもあり。

此事は天井直段出で、五六日十日計りの内、右ならび直段にても、亦少々安くとも売付くべし。其月末に、二三十俵決して下がるなり。又其次の朔日より十日頃迄に、五六俵十俵方も前月の安値より上る時は、其月末に二三十俵下るなり。朔日より四五日の間専ら心掛け、若し商出不れば、十日後、廿日過迄売るべし。

又次月の朔日より四五日頃迄か十日頃迄も、前月の安直同様、又々五六俵十俵方も下る時は、決して其月末却つて上る者なり。此事を能々心得べし。二つ仕舞、三つ十分、四つ転じ、三位の秘伝なり。

此心は、天井月より二三ケ月は慥かに下るなり。

四ケ月目は、品に寄り上ることあり、危し、売方すべからずと云ふことなり。何れの月にも、前月の下底より、其次月の朔日より二十日頃迄に、十俵高ければ、其月末晦日迄に二十俵下げなり。前月の安直より、五六俵十俵方も、其次月の頭に下る時は、其月の内末方に決して上るなり。人の知らぬ処にて儲くる術なり。能々考へ用ふべし。位附の書にて考へ知るべし。

右は前月の頭に売附け、其月末に下る時売附けを買返し、外に買過すべし。其次月頭の上を待つて、其次月を売附け、右の買過を売返すべし。此の如く、二三ケ月も手早に売買すべし。五六ケ月も延べ売附候事は、利米も不足、特に危し、延売すべからず。此時年中の売場なり。此外、常に売方する時は、極めて損すること明白なり。慎むべし。大不作年百俵余上、大上年米の事なり。

一四、天井後の下げ相場は五、六ヶ月の間、一ヶ月に一〇から三、四〇俵下がるものです。しかし、その時の情勢によって三ヶ月下げ、四ヶ月目に上がって、また五ヶ月目に下がることがあります。六ヶ月間ずっと下がることもあるのです。ですから天井値が出た後は、五、六日か一〇日ばかりの間に前の値段と並ぶ値段（二番天井）であったとしても、また、少々安いと感じても、売りつくすべきです。その月末には必ず二、三〇俵下がりますよ。

さらにその次の一日から一〇日までに前月の安値より五、六俵、あるいは一〇俵も上がるときは、その月末に三〇俵下がります。一日から四、五日まで、相場状況によく注意してください。もし商いが不活発なら一〇日あるいは二〇日過ぎまでに売ることです。

また翌月の一日から四、五日あるいは一〇日頃まで、先月の安値と同様か、五、六〇俵下がったときは、必ずその月末に反発して上がります。よく覚えておくことです。二つで仕舞って（二番天井で売って）、三つで十分（三回目で全部利食いして）、四つで転じる（四回目はドテンで転じる）。これが私の伝える三位の伝です。天井月から二、三ヶ月は確実に下がります。四ヶ月目に上がることもありますが、売るのは危険です。

いずれにしてもその前の底値の日から翌月の一日～二〇日頃までに、一〇俵高ければ月末までには二〇俵下がります。前月の安値からさらに五、六俵、一〇俵下がるなら、その月の末までに必ず上がるものです。これは他人の気付かないところで儲ける戦術です。よく考えて使ってください。一五四、一五五章の表を見て相場観を立てると良いでしょう。

以上のように、月の初めに売って、月末に下がって時点で売った分の買い埋めを入れ、さらにドテン買い越しをすると良いです。

このようにいつも相場の動きを三、四ヶ月先取りして売買するのです。五、六ヶ月も長期にわたって売るのは危険だよ。売りは一年の中の大天井の時点でするものです。ほかの時に売った場合はまず損をします。慎んでください。大不作の年で、百俵以上の上げがあるときはこんな感じです。

※ドテン…買い建てしていた場合に、これを決済して、逆に売り建てすること。これを「ドテン売り越し」という。逆に、売り建てしていた場合には、これを決済して買い建てする。これを「ドテン買い越し」という。

今のは不作のときの話だよ わかってるよね？
先生「陽極まって陰になる」って言葉もありますけど天井まで上がったものはあとは下がっていくものなんですね
うん その下がり方さえわかっていれば…
利食いができる
下がるパターンをいくつか頭に入れておくことです
型を知っていればある程度の予測が可能になるからね
ただし いつも型どおりにはいかないから注意するんだよ
やっぱりすごいわねえ 先生の頭の中
未来にはコンピューターという機械がありますがそんな感じですね
私は機械じゃありません
相場も機械的には動きません
だから 決断の瞬間にはやっぱり勘が働くことが大事なんです

第十五章　高下は天然自然《てんねんしぜん》の事
第十六章　天井直段《ねだん》通相場《かよいそうば》の事
第十七章　七八月天井、五六ケ月引《ひき》上げの事

十五、米の高下は、天然自然の理にて高下する者なれば、極めて上がる下がると、定め難き者なり。此道不案内の人は、ウカツに此商内すべからず。

一六、天井直段後通にて下相場は、月頭に上げ、月末には、廿九日晦日迄に、二三十俵三四十俵宛定めて下る者なり。疑ひなし。

一七、七八両月天井直段出る時は、十二月迄下る者也。正月少々上れども、春中不景気なる者也其節過分引下る時は、五六ケ月の内、極めて上る者なり。

十五、米は天然自然の理で高下するものなので、人間が予想するのは難しいものです。この道に不案内の人はうかつにこの商い（相場）に入るべきではありません。

一六、天上値段のあと、行ったり来たりしながら下げる相場は、月の初めに上げ、月末には二九日、晦日までに二、三〇俵とか、三、四〇俵ずつ決まって下がるものです。私のデータではこれ絶対です。

一七、七八月天上値段の出るときは、一二月まで下がるものです。正月少々上がるけれど春中は不景気なもんです。だけどそのとき過度に引き下がるときは、もう、おわかりですね。陰陽極まって、こういうときは五、六月のうちに上がるものです。

先生は　相場は人間が勝手に動かせるものではないとおっしゃいながら「こういうときはこうなる」とキッパリ断言されていますが…
長年やってますからね
経験に裏づけされた確信です
経験の少ない僕としては断定に自信がないんですが
それでいいんですよ
迷って　迷って迷いぬいてごらんなさい
ま迷うんですか？
そう相場は深いです
私が伝えることをよく聞いて　考えて経験を積めば
いろんな失敗もきっと自分のなかで生きてきますよ

第十八章　十一、十二、正月迄《まで》下直《さげね》、夏引上げの事

第十九章　七八両月底、十二月正月迄《まで》大上げの事

第二十章　底より起き上《あが》り月《づき》の事

一八、十一、十二、正月頃迄下直の米は、夏上と知るべし、心得べし。七月頃迄も上る者也。

十九、七八両月底直段の米は、十二月正月迄に大上なるべし。

二〇、九、十、十一、此三ケ月は、極めて天井直段なき月也、底より起き上る月也。但し此の如くあれども、八、九、十月天井出る年、折々有るなり、考ふべし。

一八、十一、十二、正月頃まで安い値の米は夏に上がりますよ。七月ころまでは上がるものなんです。

十九、七、八月ともに底値の場合、十二、正月まで、大いに上がるよ。

二〇、九、十、十一月の三ヶ月は天井値がつくことはほとんどない。底値から起き上がる月なんだ。ただし、八、九、十月に天井が出る年は時々あるから、私の言うことを鵜呑みにせず、見ながらよく考えてね。

11月
10月
9月
九～一一月に天井が出ないというのはどうしてでしょうか
収穫期ですからね
どのくらいの作柄かは収穫の直前までにだいたいわかっていますから実際の収穫期は穏やかなことが多いのです
なるほど稲が育つ途中の時期のほうがいろいろ値動きが出るんですね
いろんな予想が入って不安になったり安心したりするからだな
女心みたいに揺れ動くのね
女心と秋の空もとい相場の上下
はあ?
確かに予測できないところは似ているかもしれません
女性は自然体ですからねどちらも強引に扱ってはだめですよ

第二十一章　上相場見様《みよう》の事
第二十二章　正月より三四月迄《まで》天井持合《もちあい》の事
第二十三章　五六両月《りょうげつ》相場高下《こうげ》の事
第二十四章　上作年《じょうさくどし》の米売崩《うりくず》しの事
第二十五章　作合取沙汰《さくあいとりさた》前方掛引《まえかたかけひき》の事

二一、上相場の天井日限定まらず。大概月初底にて、廿一日より廿六日迄に其月の天井出る者也。底より起上る米は、幾月も上る者なり。段々百俵上位になり、廿九日晦日迄に一二俵方も上る時は、其次月、年中行付天井直段出ると心得べし、此事疑なし。

二二、正月頃より三四月頃迄、天井直段にて持合の米は、五六月の内に決して下るべし。五月十分下る時は、六月極めて急上げ也。五月下らざる時は、六月決して下ると心得べし、疑なし。五六月の下げは、廿一日迄サッパリと仕舞ふ者也。余の月の下げは、廿九日晦日迄に下る者なり。

二三、五月中旬より六月中の米は、急に引上がる時は、又急に下がる者なり。急に下げ候時は、上も同断。新米、七八九、右三ケ月の間にて、高下も同断なり。

二四、最上此方共上作の年、冬中より正月頃迄、釣合高直の米は、三月中の日より四月中の日の間にて、売崩しあるべし。

二五、作合申分出る頃は、七月中の日の頃なり。上作と申ならし候ても、何等の沙汰出来る者故、其前方、掛引致し申す可し事肝要なり。

二一、上げ相場の天井と日限は定まりません。たいがい月の初め底値で二一日より二六日までにその月の天井を出すものです。底から起き上がる米は何ヶ月も上がります。だんだん百俵くらいになり、二九、晦日までに一、二俵上がる時はその翌月に、一年のうちでも一番高い天井値が出ます。これは疑い無しです。

二二、正月から三、四月まで天井値で保ち合っている米は五、六月のうちに下がり、五月に充分下がるときは六月に急に上がります。五月に下がらなければ六月です。疑いありません。五、六月の下げは二一日までにサッパリ手仕舞いましょう。そのほかの月は二九日か晦日までに下がるものです。

二三、五月中旬から6月中の米が急に上がると、下がるときも急です。また。その逆も同じです。新米の場合、七八九の三カ月の間の高下の動きもこれと同じです。

二四、最上地方や荘内地方が豊作の年に、冬から正月まで高値横ばいの米は三月中ごろから四月中ごろの間に売り崩す。

二五、作柄に不安材料が出るのは七月頃である。豊作と予想されていても、なんらかの不都合が出るものだから、その前に相場駆け引きをしておく事が肝心だ。

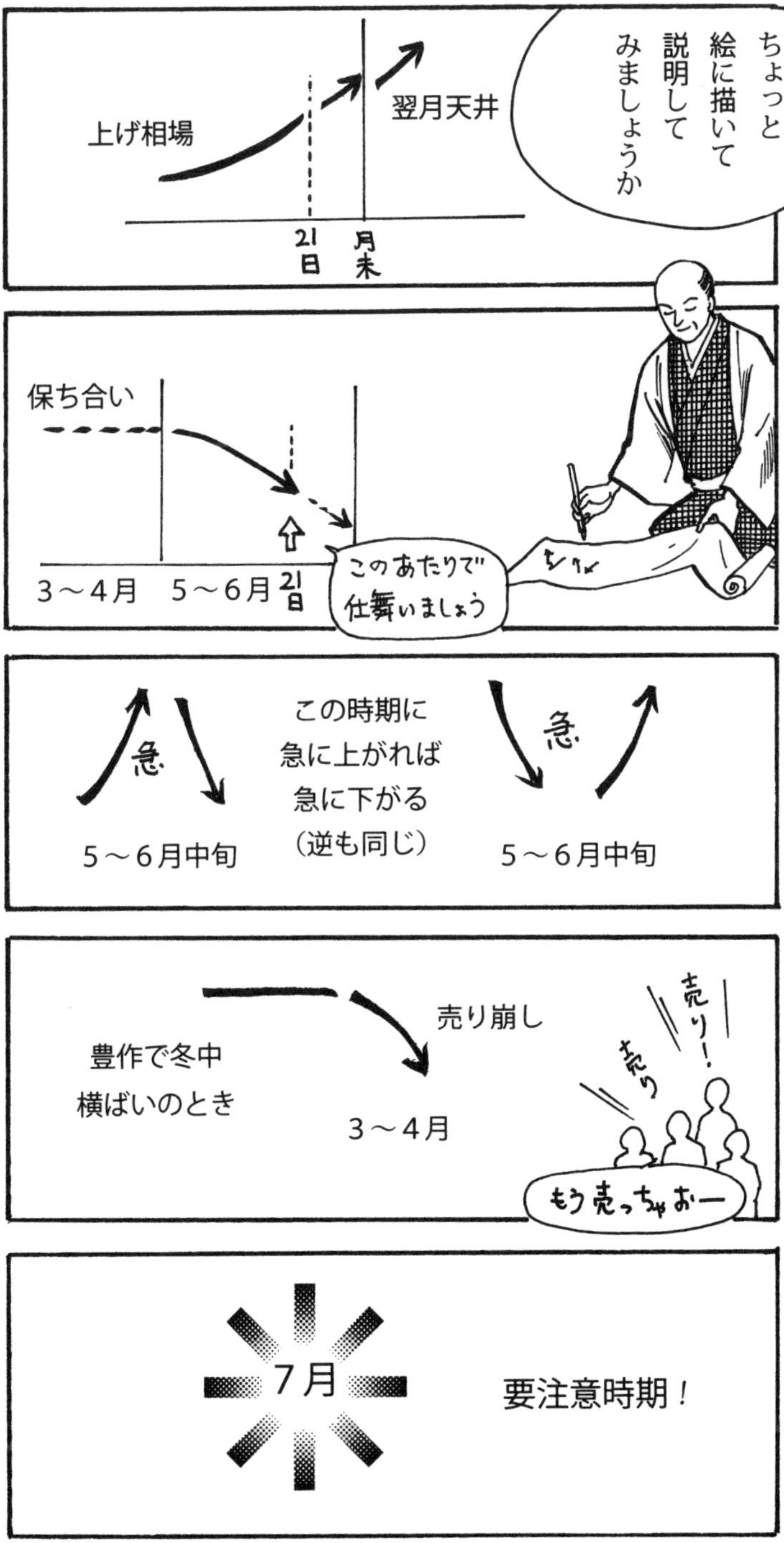
ちょっと絵に描いて説明してみましょうか
上げ相場
翌月天井
21日
月末
保ち合い
3～4月
5～6月
21日
このあたりで仕舞いましょう
急
この時期に急に上がれば急に下がる（逆も同じ）
5～6月中旬
急
5～6月中旬
豊作で冬中横ばいのとき
売り崩し
3～4月
売り！
売り
もう売っちゃおー
7月
要注意時期！

第二十六章 正月利運持越《りうんもちこ》しの事

第二十七章 正二売買《ばいばい》退屈、五六崩《くず》しの事

二六、正月利運の米、二月へ持越す事、甚だ宜しからず。正月の内、サッパリと仕舞ふべき也。尤も十二月の模様にて、正月思入を立ることは格別なり。

二七、正二両月の相場は、大高下なき者なり。但、右両月の相場は、正月に上れば二月下げ、正月下れば二月上る者なり、一ト目高下と心得べし。尤潜相場に気を付くべし。此両月は高下なき月故、売買共退屈、気を変ずる月なり。其節、天井直段底直段を考ふること第一なり。尤も、三月は相場強き月なり。崩れは四五六、此三ケ月の者なり。

二六、正月利がついた米を二月に持ち越すのは非常に良くありません。正月のうちにサッパリ手仕舞うべきです。もっとも十二月の様子で正月に思惑を立てているなら別です。

二七、正月二月は大きく高下することはありません。ただし、この両月の正月に上がれば二月に下がり、正月下げれば二月に上がります。一ヶ月単位で上下するものと思ってください。もっとも潜み相場というのがあるから気を付けてね。この両月は高下しないので、売買ともに退屈して気が変わります。その折、天井、底の見当をつけること第一です。もっとも三月は相場が強気ですから、崩れるのは四、五、六月の三ヶ月です。

先生 潜み相場ってなんですか
保ち合っている間に上か下かへ大きく動く気配が潜んでいることだよ
えええ 先生 そんなの わかりません
慣れてくれば わかるよ
かといって 慣れだけで 判断するのは 失敗のもとだけど
どうすれば いいんでしょう
天井と底を 見極めておくことが 基本だね
どのくらいで 売るのか 買うのか 自分の基準を 決めておきなさい

第二十八章　霜月限底天井《しもつきぎりそこてんじょう》の事

第二十九章　大高下過《おおこうげすぎ》、通ひ《かよい》相場の事

二八、新霜月、初めて四十五六俵五十俵位底にて起上る米は、作合少々申分出る時は、天井直段百俵上に限らず、時に寄り百六十俵百八十俵も上る者と心得べし。六七月、三十四五俵より起上る米は、仮令此方作合相応にて、又は大阪相場引上乗米之有り候ても、百俵上げは天井と心得べし。

二九、大高下も過ぎ、天井直段後相場持合、上か下か見合の時、何となく上方相場杯含み、少々景気付候時は、人々買気に成り、騒立程上る者なり。其節決して売場なり。是は通ひ相場にて、上ては下げ、下げては上げ、過分の高下もなく、幾度も通ふ者なり。右人気と通ひの相場に心を動かさず、天井と底とを考ふること第一なり。但し、大高下もなく、底にて保合、自然と起き上る米は、売らざる者なり、段々買重ぬる者なり。是は通ひ相場には之無く、自然と起き上る相場なり。

二八、十一月限する新米は初め（十両につき）四～六俵くらいの安値から起き上がって、実りが相当心配されるような時は天井値が百俵上げとは限らない。時によって一六〇、一八〇俵も上がるものです。六、七月に三四、五俵から起き上がった米は、たとえこの荘内地方がまあまあの豊作でも、あるいは大坂で買い乗せする人がいても百俵上げが天井と思うべきです。

二九、大きな高下を経て、天井値が持ち合い、上がるか下がるか見合わせている時、なんとなく大坂などの影響を受けて、少し景気付いてくると、人は買う気になって「これは上へ放たれるのかもしれない」とほくそ笑んで買ったりするのですが、これは実は「売り」なんです。大天井の後の通い相場といって、こういうときは周りに心を動かされず、天井と底をしっかり考えておくこと。ただし大きな高下もなくて、底値で保ち合って、だんだん起き上がってきた米は売ってはいけません。だんだん買い重ねるものです。これは通い相場（保ち合い）ではなく、自然と起き上がっているパターンです。

トロ〜
でも　さっき保ち合いのあと上下どちらかに放たれるっておっしゃっていたから
こういう場合は自分だったら上に放たれると思ってしまいます
これは大天井のあとの保ち合いの場合と言ったんだよ
もう忘れちゃったの？
すみませんちょっと疲れてしまって
こら！先生の前でなんて無礼な…
いやそろそろ休憩にしましょう
判断力が鈍ってきたら休んだほうがいいんです
ちょっと散歩にでも出ようか
歩きながら考えると頭が働きますよ

第三十章　持合後《もちあい》、売買秘伝の事

第三十一章　買入可《かいいるべ》く見合候時心得《みあわせそうろうときこころえ》の事

三〇、右持合の時、少々下げ目に成時、此米下相場と皆々思ひ付、兼て売方の人は図に当ると心得、猶々売込み、買方の人も、扨こそと売逃げ、却つて売過ぎ致す心になり、我先々々と売込み候故、猶々下るなり。此時買ふべし、極めて利運なり。甚だ買悪き者なれども、買ふべき也。数年の者も、後悔多し。通の商内は、十俵高下を的にし、手早に見切ること第一なり。

三一、米買可しと見込候時、一二俵方も引上る時は、買後れしと心得、却つて売方になる事あり、是甚だ誤りなり。買後るる時は、唯買場を待つべし

三〇、前章のような保ち合いで、少々下げ目になる時、この米は下げになるなと皆思い、かねて売り方の人は「よし、いける」と思ってなお売り込み、買い方の人も「こりゃやばいかも」と思って売り逃げ、かえって売り過ぎてしまう。我先に売るからなお下がるのです。こんな時は、買いですね。極めてチャンスです。とても買いにくいところですが買うべきです。数年相場を経験している人もここで後悔することが多いです。ただし、保ち合いは十俵の上下を基準にして、手早く見切ることが肝心です。

三一、これは買いだな、と見込む時、一二俵くらい上がる時は、ぐずぐず買い遅れちゃいけませんよ。でも、買いそびれて、「しまった。乗り遅れた」と思って逆に売り方になることがありますが、これははなはだ誤りですよ。買い遅れた時は、ただ、次の買い場を待つだけです。

つい米会所に
来てしまったが
今日もにぎやかだね
俺も
だ！
ああ
どうしよう
乗り遅れちまった
いっそのこと
ドテン売りしよう！
みんなで騒ぐから
よけいに混乱する
これじゃあ　まともな
判断なんて下せないね
人のことだと
よくわかかるん
ですけどねえ
ガヤ
ガヤ
自分のことになると
つい一緒に
動揺してしまう
まあ　いろいろ
経験してください
いやなことはなるべく
経験したくないです
じゃあ　まずは私の話でも
よく聞いてくださいな

第三十二章　二三ケ月必至々々《ひっしひっし》と引上候《ひきあげそうろう》時の事

第三十三章　商内仕舞《あきないしまい》四五十日休《やすみ》の事

三二、二三ケ月も必至々々と上げ詰め、急に一ト落位も下る事あり、是極めて買ふべし。又々上るなり、其節早速仕舞ふべし。是第一の駆引にて、甚だ成悪き者なり。

三三、米上るべしと買入置き、最初の思入より上げ越し十分仕当る時、上げ詰め行当る時は、意地悪敷高下する者なり。其節商内仕舞、四五十日休むべし。右休み内、見抜候程の商場有りとも、決してせざる者なり。乗米多少船手買入に構わず、十分仕当る商内は、右の処にて仕舞、四五十日篤と米の強弱を考へ、三位の伝に引合せ、立羽を極めて売買すべし。売方にて仕当る時も、同断の事。

三二、二、三ヶ月、どんどん上げつめて、急にガタ落ちすることがある。これは買いです。まだまだ上がります。ただし、欲張らないでさっさと速めに手仕舞い（利食い）することです。これ、第一の心憎い駆け引きだよ。

三三、「上がるぞ」と思って買い入れ、最初の思惑よりもっと上に上げ超して「当たった」と思う絶頂の時は、意地悪く下がるものです。その折は商いを手仕舞って四、五〇日休むべきです。休み中にチャンスありと見える場面があっても決して手を出さないのです。買い乗せだの売り乗せだの、船で他国から買いがあろうと、そういうのには惑わされないこと。当たった時にさっさと手仕舞って、そのあと四、五〇日じっくり相場の動きを見なさい。でないとすぐ有頂天になるから、そういう時こそ頭を冷やして、私の三位の秘伝を復習するなりして、自分方針をしっかりしたものにして次の相場に臨むべきです。売り方で当たった時も同じです。

いいときって
ほんと　有頂天に
なっちまいますね
つい　この調子！と思って
失敗したこと
何度もあります
はは
経験者は語る
…だね
わかるわー
不幸に
慣れちゃうと
幸せがやって来ても
どうしていいのか
わからなく
なっちゃうのよ
鋭いですねえ
あなた
ども
本当に
良いときほど
人は「狂う」のです
不思議ですね
絶好調の
ときにこそ
自分の
弱点が
出るんです
やはり
「陽極まって陰」
ですか
そうだね
陰陽五行のはたらきが
わかっていれば
それほど「狂う」ことはないかも
しれない

第三十四章

霜月《しもつき》限《ぎり》買入《かいいれ》利分《りぶん》利《つき》候《そうろう》時《とき》心得《こころえ》の事

三四、霜月限、底を見極め買付、余程の利分付候節、相場保合候か、又少々引下ることあり。其節利息勘定致し、先達上の節売返さんと思ふことあり、甚だ心得違なり。底を買出す時は、落引なき前に、決して売らざる者なり。底の買引上げ、落になる迄買重ねる者なり、心得べし。

三四、十一月限の米の底を見極めて買い、相当利が乗ったとします。そのとき相場は保ち合いに入るか、または少々下げることがあります。そのとき利息（当時、買った米に対して、翌月持ち越し分に利息を払うことになっていた）を計算すると、先に上がったときに売っておけば良かったかなと後悔することがありますが、これははなはだしい勘違いです。底値で買っているときは、落ち引きになる前に売ってはいけません。底値で買って上げてきた相場は、こうなるまでは買い増ししていくものなんです。覚えておいてください。

少しでも利益が出るとなるとつい目先の利益を取りたくなってしまいますね
自分で最初に決めた直段を忘れちゃだめだよ
自分の方針をしっかり持っていなさい
方針を変えたほうが有利だと思ってもだめですか？
なまじっかな判断で動くとその時点で自分の方針がどこかへいってしまう
そうすると自分の中心が崩れてどんどん現実を見る目がズレていくんだよ
しっかりした決断力が必要なんですねえ
センセ足が速いですね
相場に限らず人生なにごとも
決めたらその方針を貫く！

第三十五章
燈火《とうか》消えんとして光増《ます》心の事

三五、霜月限天井直段近く買米之有る節、何等の不時申出し、商内も出ず急上になることあり。二三百両買入ある人も、千両二千両買入ある人も、金高買入ざるを後悔し、残念に思ひ、少々引下げ候節買入可く思う内に、毎日引上げ落引出で、二三日以前の商内も、最早落になる様になる故、後れたれども半落位は取るべしと思ひ、上詰め候米を買重ぬることなり。甚だ宜しからず、慎むべき也。此処買入、利を取ることなし。仮令百両買入ても、初の安買二百両の利分、此為めに消え利分なく、却つて不足出る也。此処にて買入る る時は、又々少々引下げ候処にて、買重る心に成なり。又上方相場種々申来るとも、其騒々敷処にて決して買はざる者なり、心得べし。此上は、陽に登り詰め、此上へ何程上るも知れぬ様なるなり。是燈火消へんとして、光増の心なり。是非共、明日利分と見定むると雖も、買はざる者なり。此処米も強く人気も揃ひ強く、強気の人一倍募る処なり。此処にて行付天井を見ること肝要なり、考ふべし。

三五、十一月決算の米で、天井値近くで買った米があるとき、なにかの事情で急騰することがある。二、三百両買った人も、千、二千両も買っている人でも「もっと買っておけば良かった」と後悔し、残念に思って、少し下がったらまた買おうなんて思っているうちに、毎日上げて天井打ちになって、一節下がってしまう。そういうとき、少しでも取ろうと上がっているところを買い重ねるのは、はなはだよろしくない。慎むべきです。こういうところで買っても利益にはなりません。たとえ百両の買い入れをして、初めの安い値段に沢山利益がついても、その利益すら消えて、かえってマイナスになりますよ。また、ここで買ってしまうと二番天井のときにも買い重ねたくなってしまう。大坂の方で好材料をはやしたてていても、買い人気で騒然となっていても、決して買ってはいけないよ。心得ておきなさい。こんなときは太陽にまで登っていくような凄い勢いに見えるけど、実は、消える寸前の灯火が一瞬パ～ッと強く輝くのと同じなんです。「必ず明日にも利が乗るんだ」と思い込んでも、買ってはいけません。ここは相場の動きも強く、人気も強く、強気の人ばかり集まるところだ。だから「ここが天井」と判断するのが肝心ですよ。よく考えなさい。

天井がどこか
考えておくというのは
理屈ではわかって
いるんですが
なぜか自分の予想と
違ってくるんです
そのとき
「こうなったらいいな」
という思惑や
感情を入れてないかい？
はあ…
そうかも
しれません
よけいな意識が入れば
当然　ずれが出ます
でも　お金の力とは
恐ろしいものですね…
わかってはいても
一喜一憂してしまいます
人間が
弱いからでしょうか
そうだね
弱いんだね
だけど
失敗から
学べる人は
成長するよ
失敗の原因を
よく理解して
直すことができたら
それは
尊い失敗になるね

第三十六章　上《あげ》の内《うち》の下《さげ》相場の事
第三十七章　不《ふ》利《り》運《うん》の節《せつ》心《こころ》得《え》方《かた》の事

三六、新米出初、一二俵方も高下あり、底にて持合、五六十俵位も景気付、及二俵余引下げ、持合ことあり。此相場、買方は退屈し、売方は益々売募るなり此米、決して売らざる者なり。売方は此処にて買返すべし。此米、底より起き上る米也、上の内の下げなり。総べて天井直段の時節を考ふること第一なり。

三七、不利運の時、売平均買平均決してせざる者なり。思入違の節は早速仕舞ひ、四五十日休むべし。十分仕当る商内にても、商仕舞候後は四五十日休み、米の通を考へ、三位の伝に引合せ、図に当る時を考へ、又仕掛くべし。何程利運を得ても、此休むことを忘るる時は、商仕舞の時は、極めて損出ると心得べし。但、商仕舞休むと云ふは、何心なく休むにあらず、其気の強弱を離れ、日々通ひ高下を油段なく考ふべきなり。又前年売方にて利運する時は、又々強気に張詰る者なれども、是亦前年の気をサツパリ離れ、其時其年の作の様子、物の多少、人気の次第を考ふること第一なり。

三六、新米の出初め（六月）に、一〜二表も上下し、そのあと底値で保ち合い、それから五、六〇俵くらいだんだん上がって、また二俵ほど下がって保ち合い、ということがある。こういうときは買い方も売り方も退屈して動きたくなってしまう。しかしこの米は決して売ってはいけません。売り方はここで買い戻すべきです。この米は底値から上がってきたのです。上昇相場では、天井値を狙うことが第一です。

三七、自分の予想がはずれて損勘定になっているとき、ナンピンをしてはいけません。さっさと見切って、四、五〇日は手を出さずに休みなさい。見込みどおりに儲かったときも同じく四、五〇日休んで、三位の秘伝に照らし合わせて相場の動きをよく研究し、次に臨みなさい。休むことを忘れて突っ走ると、必ず損をすると心得なさい。ただし、ここで「休む」と言うのは、ただ、ぼうっとすることではありません。人気に左右されずに、冷静に毎日の相場の動きを考えるということです。また、前の年に売りで成功していると、また売りでいこう、なんて思いがちですが、いけません。前のことはさっぱり忘れなさい。その年にはその年の作柄がある。古米の状況も、人の心の動きも、いつも変化しているのです。きちんと考えることが重要です。

じゃあ 先生
休みましょう!
そうくると
思ったよ
休むというと
みんな
すぐ誤解するんだ
うまくいったら
次の仕掛けのために
じっくり冷静に
考えるんですよ
でないと
熱くなってしまって
正しい判断が
できなくなります
たしかに
そうですね
でも 案外
難しいことですよね
熱くなっている本人は
のめり込んでいて
止まらないでしょう?
そう 冷静に
ならなきゃいけない
人に限って
気がつかないね
そうすると
どんどん
ヒドイ目に…!?
そういうことです
気をつけてくださいね

第三十八章　利運の節心得方《せつこころえかた》の事

第三十九章　勝《かち》に乗るべからざる事

三八、商利運仕当る時は、先づ大概に致し、取留る者なり。其節一両月休むべし。此休むことを忘るる時は、何程利運に向きても、商仕舞の節は、決して損出べし。勝に誇り、百両の利は二百両取る気になり、千両二千両の気移り、慾に迷ふて見切兼、損出るなり。又急ぎ儲くべしと、上げ下げにて取るべしと、相場を追掛け商内致す故、極めて上げ下げにて損出るなり。是慾より出て迷ふなり、不利運の時は、尚以つての事なり。其時の見切大切の事なり、慎み心得べし。

三九、数月思入能、八九分通仕当り、候時、必らず勝に乗るべからず。唯無難に取留ることを専らにすべし。必らず必らず慾を深ふし迷ふ可からず。

三八、予想があたって利が乗っている時は、まず良い所でさっと手仕舞うものです。その場合は一両日休むといい。休むことを忘れていい調子でそのまま行くと、気付いた時は損している。勝ちにおごって百両も利が出ると「よし二百両とってやろう」という気になり、果ては千両、二千両と気が大きくなり、欲張って判断ができなくなって、だめになってしまう。

また、焦って、すぐにも儲けようと細かい上げ下げに手を出すと、決まって損が出るものです。これは自分の方針を決めずに、ただ、欲で手を出すから、くるくる回っているだけなのです。利運にも乗れず、予想が逆目に出ると、なお狂います。そういうときは、さっさと見切ることです。慎みということを心得なさい。

三九、数カ月の間、予想があたって八、九分まで目的を達成していたなら、それ以上欲を出すものではありません。そういうときは、ひたすら損をしないように心掛けなさい。欲を出して深みにはまるようなことだけは、決してしてはいけません。

慎み…ですか⁉
なにごとにおいても人間の品性が問われるものなんだよ
相場に品性⁉
二五〇年先の相場に品性はありますか?
いいえというより考えたこともありませんでした
そう…でも人間としての品性をなくしたらとんでもないところへ行ってしまうよ
あっしは経験者だから申しますがそういうときってなんかに取り憑かれたようになるんですよ
だめですよそんなことではいつでもちゃんとした人間でいなさいね

第四十章　底ねら《狙》ひ《い》天井ねら《狙》ひ《い》の事
第四十一章　上げ留《とめ》見《み》様《よう》の事
第四十二章　相場高《こう》下《げ》無く、十人が十人退屈の事

四〇、底ねらひ、天井ねらひ、売買するを専ら心掛くべし。

四一、不作年に大高下出で、落引二度之有る後は上留近しと心得べし。

四二、相場二三ケ月も高下無く、又は通にて居る時は、十人が十人退屈し、強気の人も弱気に趣き、売方の人は図に当ると心得、猶々売込み、其後決して上る者なり。其節、扨こそと弱気強気共一っに成、一度に騒ぎ立買返す故、俊順し急上になるなり。十人が十人片寄る時は、決して其裏くる者なり。考の通りに来るものなれば心安き者なれども、右様には来らず、考に及ばざるなり、陰陽自然の道理なり。

四〇、シンプルに、「底値を狙って買い、天井値を狙って売る」このことをもっぱら大切に心掛けることです

四一、不作の年で大きな上下のある相場では、売り方に二度の追証がかかったあとは、天打ちが近いと思いなさい。

四二、相場に二、三ヶ月も動きがなく、保ち合いが続いたときは、皆、退屈して動き出す。強気の人は同様して弱気に向かうし、売り方の人は狙いどおりだと思惑を入れ、ますます売り込んだりするのだけれど、そのあとは必ず上がります。そういうとき、強気の人も弱気の人も「さあ、大変！」と騒ぎ立って慌てて買うので、相場は急変する。こんなふうに、皆がどちらかに片寄るときは、必ず逆に出るものです。相場が人間の思いどおりに動くなら楽だけど、そんなことはあり得ません。予想し難いものなのです。これが陰陽自然の道理です。

ちょっと考えてみようか
保ち合い
相場がず~っと上がりも下がりもしなくなったとする
さて どう感じるかね？
一ヶ月ならまだしも三ヶ月もそのままじゃじれったくなりますね
いい加減動きが出るころじゃないかと思ってしまう
で どうする？
もし上がる予想で買っていた米が三ヶ月ももたもたしていたら諦めて売りますね
逆に売ろうと思っていたら弱気とみてさらに売り込みます
と 思うだろ
皆がそんなふうに極端に同じ気持ちになったとき
不思議と反対の現象がこつ然として起きるんだ
これが陰陽なんだね

第四十三章　霜月限買入心得方の事《しもつきぎりかいいれ》

第四十四章　上《あげ》相場にて利運心得方の事

第四十五章　下《さげ》相場利運心得方の事

四三、霜月限、六七月より買入候ては、退屈致し利運遠し。其年の模様を考え、八九月の内に買入れてよし。作無難の年は、如此心得べし。不作年には、六月より買入るる事第一なり。

四四、上相場にて利運落引の節、底直を考え買返ざる者なり。底の買落にならば、尚々買重ねてもよきなり。百俵上を考へ、上げかかる米は二落位落る者故、此処考へ取留る者なり。夫共に、百俵上近き時は、早速取〆る者は取〆る事第一なり。

四五、下相場にて利運落引の節、繋ぎになる時は、早速買返す者なり。十分致さず落引極めざる先に、買返す事第一なり。上相場とは大違なり。二ツ仕舞、三ツ十分、四ツ転じ、是下の掛引第一の伝なり。

四三、十月限の米は六、七月から買い入れてしまうと退屈で飽きてしまう。だから集中できなくて、利益を出すどころではなくなってしまうよ。その年の収穫や動きをよく考えて、八、九月ごろから買い入れるのがちょうど良いでしょう。ただし、不作と思う年は早めに準備しなくてはならないから、六月から買い入れてくことが必要ですよ。

四四、上げ相場で利に乗る人は底値の見込みをちゃんと立てている人は、押し目で売るようなことはしない。底値で買ったものなら、押し目でますます買い重ねる。百俵上げの見込める相場では二度くらい押しが入るものだから、ここをよく考えること。また、百俵上げが近いときは、さっさと利食いしておくことです。

四五、下げ相場で利に乗る人は、下がる途中で買い戻しをするものです。そして深追いせず、大底を打つ前に手仕舞うことが第一です。この点が上げ相場とは違います。二回目の追証がかかるときに利食いに入り、三回目ですべて手仕舞う、四回目でドテン買いに転ずる。前にも言ったとおり、これが下げ相場の戦術の秘伝です。

さあ
賢いやり方が
わかってきた
かな？
はい
基準を
決めておいて
それに従って
きちんと行動する
ということです
例えば…
上げでは
押し目は二回くらいと
考えること
下げでは
二、三、四、のリズムが
ありますよね
ははは
なかなか
良い調子だね
江戸見物に
観音さんのお参りでも
していきましょうか
あー
ここ　浅草の
観音さんですね
二五〇年前から
立派んですねえ

第四十六章
新米は買方《かいかた》に付くべき事

四六、新米出初めの頃は、毎年何程位と、其年々の作に順じ、其程を考ふべし。秋米は極めて売方すべからず。少々心に叶はずとも、必らず買方に付くべし。極々買気なくば休み、商すべからず。年中行付天井値段出ざる内は、決して売方無用、甚だ危し、買気の離れざる様専ら心掛くべし。売場と云ふは、上げ過ごし、天井直段乗米なしの処ならでなきなり。其外、持合相場の時売方致時は、決して損することと疑なし。少々宛ちくりちくりくと下る米は、上げに向く時は恐ろしき者なり。仔細は、米弱みに見へ候故、弱気強気共売込手明多き故、上に向く時は、一統に買返すに騒ぎ立、勘定なしに急上げになるなり。

四六、新米の出始めの頃は、毎年その作柄によって値段が違います。ただし、秋の米だけは決して売らないことです。私の言うことが少しくらい気にくわなくても、必ず買いにつくことです。全然買う気になれないのなら、せめて売りはしないこと。休んで手を出さないことです。

一年中の大天井値が出ないうちは、絶対売らない方が良い。売るのは非常に危険です。買い方針をかえないように心掛けなさい。

売りのチャンスと言えるのは、上げすぎて天井値を付けたところ以外にはない。ほかの保ち合いのところで売ると必ず損をします。少しづつチクリチクリと下がる相場はひとたび上げに向かうと恐ろしいものです。この時（はじめは）相場が弱く見え、弱気の人も強気の人も売り込むので、建て玉を持ってない人が多くなるのですが、いったん相場が上向くと、全員買いに入ろうと騒ぐので途方もなく急騰するのです。

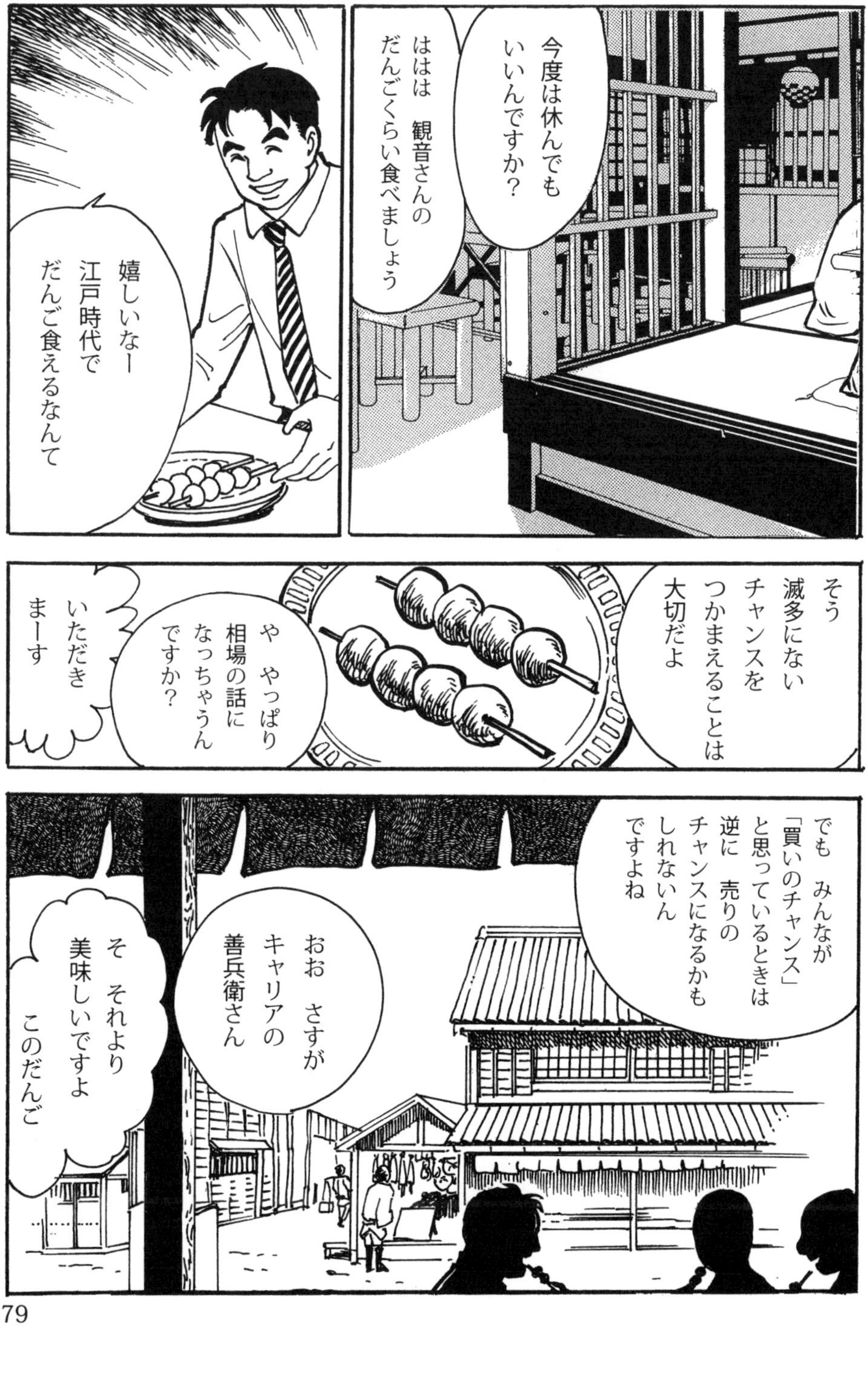
今度は休んでも いいんですか?
ははは 観音さんの だんごくらい食べましょう
嬉しいなー 江戸時代で だんご食えるなんて
そう 滅多にない チャンスを つかまえることは 大切だよ
や やっぱり 相場の話に なっちゃうん ですか?
いただき まーす
でも みんなが 「買いのチャンス」 と思っているときは 逆に 売りの チャンスになるかも しれないん ですよね
おお さすが キャリアの 善兵衛さん
そ それより 美味しいですよ このだんご

第四十七章
売方駈引六ケ敷事《うりかたかけひきむずかしきこと》

四七、一ケ年の内、上げ一度下げ一度の外は、大高下なしとす。上の内にも少々の下、下の内にも少々の上あり。是は通ひ相場にて、天井底を見る相場にあらず、通ひの高下に迷ふべからず、総べて附出しは大切なり。買出し候は、思やみなる者なれども、利運に向く時は、少しも苦身なき者なり。売方は心易き者なれども、甚だ掛引六ケ敷者なり。下がる時は、何程下るも知れぬ様になり、買返し後るる者なり。下の調子、人の騒に乗らず、慾を離れ買返す事第一なり。

四七、一年間に、大きな上げ、下げは一度きりです。あとは小さい動きです。上げのなかの下げとか、下げのなかの小さい上げなのです。これは保ち合いであって、天井、底を見る相場ではありません。こういう保ち合いの上下に迷うべきではありません。

すべて最初の仕掛けが肝心です。買いから入るのは思い悩むものだけれど、利運に乗ってしまえば少しも苦しくない。売りは気分的には楽だけれど相場の駆け引きは難しいものです。下げているとき、どれだけ下がるか見当がつかなくなって、買い戻しが遅れます。迷ったときは、下げの動きや人の騒ぎに左右されることなく、欲を離れて買い戻すことが第一です。

買い戻しって難しそう
難しいですよ ついい 欲が入っちゃうのでね
売ろうと思っている米があって
どんどん下がって来たとするでしょ
どう思います？
そりゃ売りでしょう
それが人情だけど下がったところで売ったら損でしょ？
じゃあ全部売っちゃいましょうか
じゃあ売らずにちょっと上がるまで待ちましょうか
待ってる間にどんどん下がっちゃったらどうするの
売ったあとでまた上がったら？
……
早めにいったん売って買い戻すんです そしてちょっと上がったらそのときは全部売ってしまいなさい
あ そのあとさらに下がって底だと思ったらドデン買いですね

第四十八章
三位《さんみ》の外《ほか》教《おしえ》守るべき事

四八、新商、年々出初より、二三十俵下にて上に向なり。八九月より十月十一月十二月正月迄に、上げずと云ふ事なし。其年に、九州上方八分作前後上作なる時は、上げなし、又天災ある時は、七八月より急上になる也。又自然の不作なる時は、日本作平均、九月迄大阪にて相知る故、十月より十二月迄に大阪引上げ来る故、当地は上るなり、能々考ふべし。上方当地共に相応の作、又は当地上作年には、秋冬の内、少々の上にて、大上なし。当地不作年には、上方他所に構わず、大上げに成るなり。四分半六分不作年には、大方十俵台へ入ると心得、二十俵際になり、考へ第一なり。天井直段十四五日下らず、自然と下るなり。三四月頃迄十俵位通にて二三十俵下げ、其後持合、四五月に成り三四十俵下げ、又二三十俵も上げ、六月になり、順気能く田畑見事上作の風聞、御蔵内米共相残り、高直故船々も買急がぬ故、此時買持の面々退屈し売逃る間、急に六七十俵百俵下になり、大崩れとなる、心得べし。

又五月三位に当る年は、四五月十分に下らざる時は、六七月に上げなし。四五六月十分に下る時は、七八月決して上るなり、疑なし。七月三位に当る時は、四五月下がらざる時は、六月底月故、廿日頃迄して大崩しなり。六月初方より売付下かかる節、十二十三日の間下底を考へ、落引になり候はば格別、落ざる節は、底を見極め買返し又買過すべし。其後の上を待つて利ある時、早速仕舞取留るべし。七八九十天井直段出る米は、十二月迄に下ると云教を守るべし。又七八九十月底直段の米は、十二月頃に上ると云ふ教を守るべし。八九十十一月は、底より起上る月と云ふ教を守るべし。又冬中より正二月頃迄天井直段の米は、四五六月下ると心得べし。五月十分に下る時は、六月急上げなり。五月十分に下らざる時は、六月廿日頃迄に大崩しなり。前年冬中より金払庭の年は、極て思入買多き故、六月崩しなり。冬中より正二三月頃迄不位の米は、決して夏上げなり。七月頃迄も上ると心得べし。三位の伝の外の教なり、心得べし。何分秋米は売方すべからず、買方に付べし。多少に限らず、上げずと云ふ事なし。天井直段後下相場の事は、三位の処に記す、能々受用し考ふべし。

四八、新米は毎年出始めは二、三〇俵下げてから上に向きます。八、九月から十、十一、一二、正月までに上げないということはないですが、その年に九州、大坂が八分前後の上作のときはたいした上げはありません。天災があるときは七、八月急騰です。天災でなくても豊作と言えないとき、日本全体では平年作になりますが、そいういう情報は九月まで大阪に知れ、十月～一二月までに大引き上げがきます。当然酒田も上がります。この事情をよく考えておきましょう。

大坂、当地共に平作、あるいは当地が上作の年は秋、冬の内に少し上げがあるがたいした上げにはならない。当地が不作の時は、よその相場にかまわず(当地は)大上げになります。

四分、半、六分という不作の場合、だいたい十俵台に入ると心得て、二〇俵近くなったらしっかり見通しをつけましょうね。天井値段は一四、一五日の間下がらず、そのあと自然に下げていきます。三、四月頃まで十俵幅くらいの保ち合いがあってから、二、三〇俵下げ、その後また保ち合うが、四、五月になって三、四〇俵下げて、また二、三〇俵上がる。六月になって天候がよく、田畑の状態も良いという噂がたち、貯えの蓄積米もまだあり、相場の高さを見て買いの船も急がない時、買い方は退屈して売り逃げしてしまうのだけど、そうこうしている六、七〇俵から百俵、一挙に下げ、相場は大崩れになる。覚えておいてください。

また五月が三位（甲月）に当たる年で四、五月に充分下がらない時は六、七月に上げがないのです。四、五、六月充分に下がったときは八月に必ず上がります。間違いないです。

七月が甲月に当たる年（不安定とされる年でしたね）で、四、五月に下がらないときは六月が底値の時期で、三〇日頃までに必ず大崩れになります。六月末に売り込んで、下げ始めたときの一二、一三日間を底と考える。底を打ってから戻る場合は別ですが、そうでないときは底値をよく見極めてから買い戻すか、場合によってはドテン買い越しに転ずると良いでしょう。その後の上げを待って利が合ったときは、早速利食いしなさい。

七、八、九、十月に天井が出た米は、一二月まで下がるという私の教えを守るのですよ。七～十底値の米は一二月に上がるというのも守りなさい。八～十一月は底から起き上がる月だというのも守るように。また冬中から二月頃まで天井値の米は四～六月下がると心得なさい。さらに五月に充分下がるときは六月に入って急騰。五月に充分下がらないときは六月二〇日頃までに大崩れです。覚えましたか？

前の年の冬から世間に金が不足しているとき(不況のとき)は、極めて思い入れで買う人が多いので六月には相場が崩れます。しかし冬中から三月頃まで味の悪い相場は決まって夏に上がるのです。七月頃までも上げ相場が続くんですよ。

以上は三位の秘伝の、ほかの教えです。心得てください。秋米はまず売ってはだめですよ。買い方につきなさい。多少に限らず上げないということはないから。天井打ちのあとの下げのことは、三位の秘伝のところで言いました。よく応用して考えてくださいね。

第四十九章　夏中涼敷時《なつじゅうすずしき》は油断ならぬ事
第五十章　諸方上作年《しょほうじょうさくどし》心得の事

四九、夏中時候悪しく雨勝の年は、自然の不作と心得べし。夏中冷気強く、虫付、洪水、台風等天災之有る時、油断なく、六七月より相場安き内買入るべし。六七月順気能く早続き、上作の取沙汰、一分の見聞にも上作と見ゆる年は、買急がず、八九月専ら年の買場なり。月頭々々に買ふべし。但し、九月は少々遅るる方なり。八月専らにすべし。上作年にても、年々九十月より上る者なり。又々六月末七月中旬迄も、何十年にもなき上作と沙汰し候とも、何等のこと出来て、多少に限らず違作になる者なり。少しも申分なく取収むることは、極々稀なり、考ふべし。

五〇、当地近国も上作、上方も大方上作にて、三四五月迄底直段出でざる時は、其後底直段出ると心得べし。右、当地最上。作合の年は、四月中の日の頃売崩しあると云ふ、相違なし。三月三位に当るとも、享和二年酉年四月、二十俵方崩し有しなり。近国当地上作の年は、決して一番過ぎざる内は、夏米の思入立可からず。尤四五月崩れの節買入心掛くべし。

四九、夏中、天気が悪くて雨がちの年はお米が育ちません。気温が上がらなくて、虫害、洪水、大風等の天災まであるときは、もうぬかりなく六、七月相場の安いときに買っておきなさい。六～七月の天気が良く、上作の噂が少しでもあるときは急いではいけませんよ。八、九月がその年の買い時期です。特に月初めが良いのです。ただ、九月では少し遅い。八月に買いなさい。上作の年でも相場はだいたい九、十月から上がるものだからです。また六月末から七月中旬まで、「今年は稀に見る豊作だ」と噂されていても、なんらかの支障があって、見込みと違うことになるものです。少しも申し分なく見込みどおりの収穫ということはごくごく稀なことなので、よく考えてください。

五〇、当地や大坂もだいたい上作なのに、三～五月にあまり下げがなくて底値が出ていない場合、その後に底値が出ると心得なさい。上作の年は四月中旬に売り崩しがあると言われているが、これはその通りです。三月が甲月に当たるときでも、例えば一八〇二年、酉年の四月には二〇俵の売り崩しがあった。東北地方、当地がともに上作の年は、田んぼの一回目の草取りが終わらないうちは、決して夏米の購入を考えてはいけない。もっとも、四、五月に相場が崩れた場合は買いに入ります。

冷夏
こういうときはぬかりなく
六、七月の安いときに買いなさい
豊作の年なら買うのは八月だね
上作なのに三、四月に底値が出ていないときは売り崩しがきます
先生は本当にお米のことに詳しいんですね
やっぱりお米が好きなんですか？
好きですねえ！お米！
あなたも好きになれるものに投資してくださいね

第五十一章　七月三《さん》位《み》頭月《かしらづき》の事

五一、七月三位頭月に当る時は、六月順気上々作宜く、此上へ下ぐべき様子なれども、夫に構はず、三十俵前後の米は、六月より油断なく買入るべし。秋米は、日本上作と申唱へ候ても、作難なき事稀なり。若し平作年、当地上方共上作の年は、八九十月より見合、底直を見極め買入るべし。累年、作大極の年、出初より拾俵二三十俵下にて、多くは上に向くなり。四五十俵下げ極稀なり。但し六七月の間、不時の天災、上方当地共変ある時は、商出ずして俵飛び急上になりて、後れになる故、決して油断ならざるなり。此事大事なる故返す返すも心得肝要なり。何分七月頭月に当る時は、六月より油断なく買入、十に八九過ちなし。七月の頭月は、多く上方当地とも変事あり、急上げの月なり、必ず油断すべからず。八月天井終月に当る時は、新古共、天井出る事あるは稀なり。尤古米は、此月に終り月なり。新米は、翌年の七月迄高下ある米なれば、此処にて天井と限る可からず。此年も、九州辺天災ある順の年なり。若し八月天井直段出るとも、其年九州上方作難の時は、十月霜月の内、百俵近き上あるべし。見計ひ第一なり。天井直段十八俵より二十一二俵位の米は、来夏に至り、四五十俵下にて向く年は、極めて上方物不足なり。船々買急ぐ年の事なり。先は六七十俵百俵近く、三位の底月迄に下る順なれども、前年の不作に人気張詰め、四五月迄下ぐ可き程下る年は、船盛りより過目になり、少し下げ、五月船間になり二三十俵も下げ、其後六月に至り順気能く、土用中照り込み、上作の取沙汰あり。高直故船々買急がず、夫より段々人気悪敷成り、六月は米持の仕舞月故、他所衆買持は勿論、素人黒人も売仕舞月故六月中旬より大崩し疑なし。別けて、前年四分半不作にて他所の買孕み多き年は、尚の事なり。此年前後能々考ふべし。但し、八月天井に当るも、四五六月の間底直出るを待つ、新古共買入、八月の上げを待つべし。多くは八月の天井稀なり。八月は時節後るると雖も、八月天井と見る年は、六七月歩商大方なし。三四十俵面ならば、五六月の内買なりの米は、二三十俵足米本質等、八月を待つべし。尤、七月上詰る時は、其節売仕舞ふべし。八月天井の年は、常の年になし。冬春天井直段出で格外の下ある時は、七八月又々天井出づべし。伝に曰く、五月十分に下る時は、六月急上なりと云ふ心と同じ。常の年、三四月より五六月迄夏上げの年は、決して八月上げなしと心得べし。

五一、七月が甲月に当たる年（前にも出てきた、甲申の組み合わせですね）は、六月の天気も良くて作柄も良いのです。従って上作だから下がるのかなと思われるのだけれど、かまわず三〇俵くらいは六月から抜かりなく買っておきなさい。秋には全国的に豊作だと言われていても、突発的天災等がないことが稀なのです。もし普通か、上作程度の年だったら八、九月から相場の動きを見て、底値の見きわめを付けて買いなさい。作柄が普通の年は相場の出始めより十〜二、三〇俵下げてから大抵上に向かいます。四、五〇俵下げることは稀です。

ただし六、七月の間に天災等の支障があったときは売り物がないので商いができず、急騰して手遅れになるので、決して油断してはいけません。大事なことなのでよく覚えておいてください。七月が甲に当たるときは、甲申の組み合わせは六月から油断なく買い入れておけば八、九割り方間違いないです。この組み合わせのときは当地でも大坂でも異変が起きて急騰することがある月なのです。絶対油断してはいけません。

八月が天井で癸に当たるときは新米、古米、共に実は天井値であることは稀です。もっとも古米はこの月が決算です。新米は翌年七月まで上げ下げがあるから、ここが天井と見てはいけません。この年も九州辺りで天災があるめぐり合わせの年なので、たとえ八月に天井が出たとしても、九州、大阪の作柄が悪くて十月十一月に百俵近い上げが来るのです。相場をよく見ることが第一です。

天井値が一八から二二俵くらいの米で、次の夏に四、五〇俵下げになる年は、大坂に米が不足しているものなのです。そうなると買いの船も急ぎます。前の年にまず六、七〇俵、三位の底月までに下がるめぐり合わせだが、前年の不作で人気が張りつめ、翌年四、五月にやっと下がるようなとき、買い付けの船も多くなるときに下げ相場に入り、少し下げてから五月の買いの船が少なくなりはじめた頃）から二、三〇俵下げます。その後の天気が良くて、土用の照りも良く、上作との見込みが立つと、相場が高すぎると考えて、買い手は買い控えます。そうするとますます人気が悪くなる。六月は買い手の手仕舞いの月で、他国からの買い方はもちろん、素人も玄人も手仕舞いするので、六月は大崩れとなること間違いありません。

とりわけ前年が不作で他国から思惑買いが沢山入る年は、なおそうなります。こういう年は、今までの動きとこれからの見通しをよく考えなさい。ただし前年八月に天井を打っても翌月四〜六月の底値を待ち、新米、古米共に買い入れ、次の八月上げを待つ手もあります。

しかし多くの場合、八月に天井を打つことは稀です。八月は時期的に遅れているとはいえ八月に天井がつく年は米不足で六、七月に新米建て玉が出ないんです。三、四〇俵程のものなら、五、六月の買いは利息等を見込んで八月を待つべきです。

もっとも七月に充分上げたときはそのときさっさと手仕舞うのが良いです。八月天井というのは普通でない年ですが、冬から春に天井が出て、通常の動きを外れた下げのある場合は、七、八月にまた天井が出るはずです。

前に、五月に充分下がるとき六月急騰すると言いましたが、それと同じ意味です。普通の年で三、四月から五、六月まで、夏場に上げてしまっている年は八月に上げはありませんからね。

ちょっと
細かすぎたかな?
米相場は
やらないんでしょう?
いえ　とても
参考になります
天井と底の
見分とけ方とか
その商品の
値動きのクセを
つかむことや
人の気持ちの
動きを感じること…
みんな
共通することです
なかなか
頼もしい
ですねえ
お帰りなさい
ませ
おう
帰ってたのか
ええ
今日はお客様が
たくさん
いらっしゃる
のね
あ
これは奥様!
お邪魔しております
今日は
未来からやってきた
珍しいお客さんも
いるんだよ
まあ
遠いところ
ようこそおいで
くださいました
今日は出かけていて
ご挨拶が遅れました
本間の家内でございます
にこ
は
はじめまして
突然
お邪魔して
すみません

そうだ せっかくだから いつもお前さんが 懇意にしている 料理屋さんに 行こうか
そうですね あちらさんも 喜びます
じゃ ちょっと 支度してきますから 待ってて下さる？
あ 奥様 お手伝いしますわ
ゆっくりで いいよ
どうせ 女の支度は 時間がかかる
そういうのは いつの時代も 変わらないんですねえ
さて 待っている間に もう一章 いきますか
はい お願いします

第五十二章 冬より春迄金払底大崩しの事
春迄金払底《はるまでかねふってい》

第五十三章 天井直段底直段三年続の事

五二、冬中より春迄金払底の年は、思入買多き故、金不足するなり。此年、五月迄に下らざる時は、六月廿日頃に大崩れ疑なし。左様の年、七月甲に廻らば、七月六七十俵上るべし。明和五年、天井直段より、百六七十俵下げにて、此上の下げ稀なり。寛政十一年、百五十俵下、同十二年六月十三日、百俵下げなり。底直段三年続なり。七月甲に廻る時は下に向かば油断なく売付け、十二三日も見計らひ、百俵下を的にして、買ひ返し買過すべし。

五三、天井直段、底直段、三ケ年続く者とあり。此事、天井直段計りと心得べからず、底直段も三年続くなり。常の年にあるなれば、能々気を付くべし。

五二、冬から春になっても景気が悪い年は思惑買いする人が多く、世の中のお金が全体的に不足しています。こういう年は五月までに下がらなければ六月二〇日過ぎに大崩れします。加えてそれが七月甲のめぐり合わせなら、七月に六、七〇俵上がりますね。明和五年に天井値から百六、七〇俵も下げたことがありましたが、こんなに下げることは稀です。寛政十一年に百五〇俵下げ、翌年六月一三日に百俵下げたことがありますが、この大底値は三年続きのものです。七月が甲に当たる年は、相場が下げに向かうときに油断なく売って、一二、三日動きを見ながら百俵下げを目標にして、目標になったら買い戻し、ドテン買い越しに転じると良いですね。

五三、天井、底値は三年続くものです。天井値の場合はそう考える人も多いけれど、底値も三年続くと考えてくださいね。通常の年でもこういうことがあるからよく気を付けておくように。

面白いですね
三年周期というのは
二五〇年後でも
株の相場でも
聞いたことがあります
三年というのは
やはり天然自然の
周期なんだろうかね
はあ…
ピンと
来ない？
いえ
米は自然の
産物だから
わかりますが
人工的なものと
なるとちょっと…
物を作っている
人間が
自然の生き物
だからではないの？
まあ
ご熱心ね
お待たせ
お
もう支度
できたのかい？
じゃあ
行こうか

第五十四章
天井の考《かんがえ》百俵上げ的《まと》の事

五四、天井を考ふることは、百俵以上の的あり。底を考ふることは、百俵下げを的にすれども、其時の模様に迷ふことあり。下かかる時は、十日十二日十三日も下る者故、能々見合、下を待買入るべし。丑の日、不成日、天一、八専、此日多くは下留りなり。別けて下相場の買は、底を買はざれば利浅し。

五四、天井を考えるときは百表以上を目標にしましょう。底を考えるときは百俵下げを目標にするけれども、下げはいろいろ迷うことが多いので注意してください。下げかかるときは十～一三日もずっと下がり続けるので、よくよく見合わせて、しっかり下がったところで買いなさい。暦で丑の日、不成日、天一、八専、の日はたいてい下げ留まりになります。下げ相場での「買い」は底値で買わなければ利益が浅いのです。

りょう亭
ガラッ
「目標は百俵」とか…かなり具体的にされるんですね参考になります
そうですかそれは良かった
こんにちは女将さんいらっしゃいますか
まあ　本間様いつもありがとうございます
女将さんは私の踊りの師匠でもあるんですよ
私も　ときどき三味線を教わるんだ
へえ江戸の方はみなさん芸達者なんですねえ
風流だなあ
感性が磨かれるからね
相場もよく見抜けるようになるよ
ええっじゃあ相場のために⁉
ためにってことはないけど…神経が研ぎ澄まされるのは確かだよ
特に下げ相場では細やかな注意力が必要だから
底を見抜く力量が欲しいところだ

第五十五章
六月崩し見様《みよう》の事

五五、六月崩しの事は、前年不作、又は上方も不作の方にて、物不足の風聞、阪相場高直の時は、当地人気立、夏米の思入多く金不足の時、買物多きなり。此時気を付べし。十一十二月正月頃は、十八九俵より二十二三俵位の天井出で、其後五六月迄持合米は、決して六月崩しなり。十月十一月頃迄天井出、十二月正月頃迄に六七十俵下げ、四月頃迄廿七八俵持合ふ米は、七八月六七十俵上なり。前年四分半不作年にて、冬中十七八俵天井出る時は、極々人気張詰め、夏米の思入強き故四五月迄下らざるなり。六月は天気能く、土用中照込み田作見事の風聞、一体高直段故、船々も買急がず、御蔵並びに内米共出不足故、此風聞旁人気悪敷なり、我先にと売逃げ、元質も不足する故、此催足旁、物沢山に成、弥々下るなり。船の多少、出米の多少、考第一なり。足らぬは余る、余るは足らぬ、何時となく出透く後には上るなり、考ふべし。但し六月崩しに成るべく考ふる時は、能々見込み、六月節入より十日頃迄、二三十俵下げなり共売付置き、下初より六七日十二十三日の間運びを見、底直段を考へ買入るべし。時節後れに候間、金高無用、二三百両に限るべし。但し、七月甲に廻る年、丈夫なり。其余は、八月迄船通ふ年稀なり、見計ふべし。

五五、六月に崩れるのは、前年が不作または上方も不作で実米が不足していると噂されるときです。大阪が高値を付けると当地も上がり、夏米の思惑買い多く、世間の金が米相場に集中して買いがさらに多くなる。こんなときこそ要注意です。十一、一二、正月に（十両につき）一八〜二三俵くらいの天井が出て、そのあと五、六月まで保ち合うと、まず間違いなく六月は崩れます。十、十一月頃までに天井値を付けて一二、正月までに六、七〇俵下げ、四月頃まで二七、八俵で保ち合うときは七、八月に六、七〇俵上げるものです。前年が四分、半作の不作の年で冬に一七、八俵の天井値が出るときは非常に人気が張りつめて、夏米の思惑買いも強いので、四、五月までは下がりません。

六月の天気が良くて土用日照りもよく、今年は上作との噂がたち、船の買い手ももうちょっと安くなったら買おうと買い控え、貯蓄米も少ないとの情報があると、どんどん人気が下がります。そして、われ先に売り逃げようとしますが、頭金も不足し、その催促も加わって、米の売りが出回り（実米が大量に放出されて）、いよいよ下がるのです。買い付けの船がどのくらい多いか、実米がどのくらい多いかを考えておくことが第一です。足らぬというは余る、余るというは足らぬというものです。そうこうしているうちに実米がすっかり放出されてしまって、その後、相場は上がります。

相場が六月に崩れると考えたときは、しっかりと見通しをつけ、六月はじめから十日頃まで二、三〇俵下げても、そこで売り付けておいて、下げ始めから六、七月あるいは一二、三日の間の相場の動きを見て、底値の見当を付けて買いに出ると良いでしょう。出遅れてしまったら沢山は買わないように。二、三百両程度にしておきなさい。ただし七月が甲月に当たるときは相場は強いです。そうでない場合は、買い付けの船が八月まで往来するのは稀です。よく考えてくださいな。

実は私も先生の真似をして密かに踊りをたしなんでおります
今の値動きを踊りにしてみましょうか
ほお～それは興味深いね
すっ
足らぬは余る～
余るは足らぬ～
六月崩れと見るときは
ここで売って
ここで買う
出遅れたならほどほどに
慎み大事でございます
なぜならこの頃買う人あんまりおりません
わはは…
楽しいわあ
善兵衛さん踊りが達者ですねえ
やあびっくりですね

第五十六章　上れば扨《さて》こそ、下れば扨《さて》こそ決心の事

第五十七章　弱気不利運心得違《ちがい》の事

五六、米上ぐべしと思へども、若し此間に、一ト下げ出る事も心元無く見合候節、少々上る時は、扨こそと思ひ、下れば扨こそ下なりと思ふ。これ一体、心定まらず動くなり。跡相場にて考ふる時は、あの上売、此下げ買へば、上げ下げにて取る事、心安く思はるれども、高下を取る事稀なり。一両月も跡見合せ、一度の上か下かを、取る考をなすべきなり。上下を取心にては、年中休みなく、相場に連れ心動き騒ぐ者なり。夫故損出るなり。

五七、弱気にて売方に向く時、了簡違ひ、少々宛不利運になる事あり。共節売平均せんと、上げかかる米を段々売込む事あり、甚だ心得違ひなり。相場にさからひ宜しからず、慎むべし。買方の節も同じ心持なり。思ひ入違ふ時は早仕舞、行付を見るべし。

五六、相場が上がると思えても、上がるまでにひと下げするのではと不安に思って見合わせているうちに、少々上がったりすると「やっぱり上がるんだ！」と思い、逆に下がると「やっぱり下がるんだ！」と思う。これはまったく気持ちが定まってない証拠です。あとから相場を振り返って考えるときは「あの上げのときに売り、この下げのときに買えば、上げも下げも利益を得られたのに」と簡単に考えるものですが、実際にやってみると高下両方取れることは稀なのです。一、二ケ月相場をよく見て、一回の上げ下げ、どちらを取るか決めなさい。両方取る心づもりでは、年中心休まず、相場の動きに心が振り回されて結局損を出してしまいます。

五七、弱気で売方に転向したとき、思惑が外れて少しづつ不運（上げ）になっていくことがあります。その節は「しまった、ナンピンをしよう」と売り込むことありますが、はなはだ心得違いです。相場に逆らってうまくいくわけがないのです。買いのときも同じです。思惑が違ったら早く手仕舞い、相場の行方を見るべきです。

先生は ナンピンはあまり お勧めされないのですか？
手法としては 面白いけれど なかなか 難しいと思うよ
思惑が違ったら さっさと手仕舞えと おっしゃいますが
でも もう少し待てば なんとか…と つい 考えてしまい そうです
そう… 慣れない人ほど
損切りがなかなか できないのだよ よく覚えておきなさい
思惑がはずれた ということは すなわち 自分の考えと 実際の相場が 違っていたということだ
そういうときは 自分の考え違いを 早く認めて 切り替えなさい

第五十八章　豊年の米売るべからざる事

第五十九章　後悔に二ツある事

五八、当地作豊年の時、米売るべからず。秋冬の中、底直段出候節買入、春へ持越す時は、決して利運なり。豊年と諸国へ聞ゆる故、春に成り入船多く、又は冬買来るなり。秋冬の内は、作合に連れ、引下げ居る者なり。春上げざれば、五六月頃決して上る者なり。

五九、後悔に二ツあり、是を心得べし。高下の節、今五六日待つ時は、十分取るべき利を、勝を急ぎ二三分取逃がし候後悔、是は笑うて仕舞ふ後悔なり。又七八分利運の米、慾に迷ひ仕舞兼候内、引下げ損出る後悔、是苦労致候上の後悔故、甚だ心気を痛むる後悔なり。慎み心得べき事也。

五八、当地が豊作のときは売ってはいけない。秋冬のうちに底値がついたとき買いに入り、春に持ち越せば必ず利運に乗ることができます。豊作だと、諸国に噂が広まるので春に買い付けの船がいっぱい来る。冬のうちに買いに来る船もある。秋冬のうちは作柄に応じて豊作のときは下げるものです。このときの相場で春に上がらない場合でも、五、六月には上がります。

五九、後悔に二つあります。これを心得てください。高下するとき、もう五、六日待てばとれた利を、勝ち急いだために二、三分取り残したときの後悔。これは笑って見過ごすことができる後悔です。しかし、すでに七、八分も利が乗っている米を、欲に迷って手仕舞いかねているうちに下がって損が出てしまったと言う後悔は、笑えませんねえ。苦労した（損を出した）うえ、さらに後悔するんだから、心が参ってしまいます。慎むべきですね。自分の心が傷つくようなことはしないように。

はあ〜
大変な名言です
ありがとうございます
後悔にふたつあり
…かあ!
確かに同じ後悔でも質が違いますね
私も発言していいかしら
え あ どうぞ?
心が傷むのは損をしたからというより
損をするような自分が情けなくて悔しいのじゃない?
欲に負ける心は天然自然の理からはずれるものだからうしろめたいのよ
う〜ん奥深いですねえ
長年主人を見ていて感じただけですわ
ひえ〜

第六十章　毎日の相場に気を付《っ》け申すべき事
第六十一章　米《こめ》人《ひと》我《われ》三つ揃《そろい》候《そうろう》時の事
第六十二章　底《そこ》直《ね》段《だん》買《かい》重《かさ》ねの事

六〇、極意は、毎日の相場に気を付、米の通ひを以て売買すべき也。右米の通ひ運びと申すは、秘伝なり。此見様、黒白の違ひあり、一毛違ふて千里を知る心、第一なり。

六一、米も弱く、人気も揃い、我思入も弱き節、其後是非上る者なり。人々の気も強く、上ると志し候米は、決して下るなり。兎角百俵上げの米は、下ること計りと考ふべし。タワヒもなく弱き米は、上ること計りと考へ申すべき事、肝要なり。

六二、底直段にて持合上げかかる米は、二三ケ月に急に天井直段出るなり。其節百俵上げ的にして、買重ねて喜きなり。

六〇、相場の極意は、毎日の相場に気を付け、動きに正しく応じて売買することです。保ち合いの動きなのか、放たれる動きなのかを見極めるのが秘伝です。この見きわめの違いで、結果が白、黒に分かれてしまいます。極めてわずかな変化を見たときに、世の中や自然や相場全体の動きを察知する心が第一です。

六一、相場が低迷し、人気もなく、自分も弱気になっているとき、そんなときこそ相場は底打ちなのであって、そのあと絶対上がるんです。逆に人気も強く、人がみんな「上がるぞ」と思っているときは、下がるものなのです。とかく百俵も上がった米は、あとは下がるばかりと考えた方がいい。なんということもなしに下がっている弱い米は、これから上がるのだと考えて対応することが肝心です。

六二、底値で保ち合ったあと、上げかかる米は二～三ヶ月のうちに急騰します。そういうときに百俵を目標に買い増しするのは良いですね。

一を知聞いて十を知る ともいいますね
目の前の わずかな現象から
それが示す 世の中全体のことや 未来のことまで 全部見えちゃうって ことですか
そう わずかな動きに 一瞬でピーンと 反応できるか どうかなんだよ
それは 日ごろの 心構え次第だね
こうして同じものを 見ていても より多くの情報を 得ているんですねえ
やっぱり 先生は すごいなあ
皆さんも ぜひ そうなって ください
そのために 一生懸命 秘伝をお話して いるんだから

第六十三章　下相場は上相場と大違《おおちがい》の事
第六十四章　米は天性自然《てんせいしぜん》の理、算用に及ばざる事

六三、下相場は百俵余上げ、天井直段入月より、五六ケ月も段々下る者なり。上相場とは大違ひなり。米の通にて、月頭に上げ、又月末に下げ、毎月一俵方も上げ、又々月末に二俵方も下る者なり。若し一日より四日五日頃迄、一ト目二タ目潜る米は、通の内の買相場なり。併し全体下の内の上なる故、当分の事にて過分の買入成兼るなり。其月中に売返すべし。

六四、上方相場引合せ、乗米多少の考を以て売買致時は、相場にさからひ、過ち之有るなり。米は天性自然の道理にて高下する者故、算用に及ばざるなり。極意は天井底の次第を心得、毎日の相場に気を付べき事肝要なり。

六三、下げ相場は、百俵ばかり上げて天井値に入った月から五、六月もだらだらと下がるものです。上げ相場とは大違いです。保ち合いの場合は月初めに上げ、月末に下げ、毎月一俵上げては二俵下げたりするものです。もし、一日から四、五日くらいまでに前日より少し高くなるようなときは、保ち合いのなかでも買いの場ですね。しかし全体としては下げ相場のなかの上げですから、過分に買うのは控え、その月中に売ってしまったほうが良いです。

六四、大坂相場と比べながら、買い増するかどうかを考えていると、相場に逆らって失敗することになります。米は天然自然の道理で動くもので、自分の頭のなかの計算によって動くのではないのです。極意は天井値と底値をしっかりとらえ、毎日の相場の動きに気をつけること。これが肝心です。

善兵衛さん 今度は私が 今のを小唄にしてみよう
あ では 私も 合わせて踊ります
三味線は 私が…
♪ 宗久翁の言うことにゃ
相場は天然自然の理
人の計算 及びませぬ
皆さん どうぞ謙虚になって
相場と付き合い なさいませ
ホント 相場って 計算はずすと怖いわよ
昔 私も主人に 死ぬ思いさせられたわ
クヨクヨする 性格だったら とっくに 別れていたわねえ きっと
オホホ
か 感謝して ます！

第六十五章

米商《こめあきない》の秘伝、気を転ずる事

六五、高下之有り、其後保合の節、何となく弱く見え、色々考へ、諸方聞合すと雖も、強みは見へず。此間に、是非々々二三十俵方も引下ぐべき模様故、此処にて売らずんば後れになるべしと、頻りに売気進み立候節、気を転じ買方に付べし、是伝なり。我至りて弱気にて、買方に付く事、甚だ危くならぬ事なれども、此書を守り、一分の存意を立てず買入るる時は、極めて利運なり。是非上ぐべしと、買気進み立候節も、是亦気を転じ売るべし、米商の秘伝なり。常々此心持忘るべからず。我強気の節は、人も強気と思ふべし。弱気の節も同じ。

六五、激しい相場の高下があったあとに保ち合いになったときは、何となく弱く見える。いろいろな意見を聞いたり考えたりしても、やはり強みは見えない気がする。そしてこの間にも二〇、三〇俵引き下げるような気配にも感じられるので「ここで売らなくちゃ」とばかりしきりに売りたがるが、ここは気を転じて買い方についた方がいいのです。これが秘伝です。自分だけ人と違うことをするのは至極心細いことで、買い方につくのはとても危なくて出来ないことのように感じるけれど、私の教えを守り、我意を捨て、買いに入るときはきっとチャンスがきます。しかし、絶対上がるからと皆が買いに走るときは、これもまた気を転じて売るべきで、これが秘伝です。常々、このコツをよく覚えていてください。自分が強気のときは人も強気と思いなさい。弱気のときも同じです。だから人と同じようになっていたらチャンスはないのです。

そろそろ
お開きにしましょうか
もう少し
遊んでいたいという
気持ちの流れから
すっと方向転換する…
相場と同じです
でも人の流れとは
逆に向かうって
勇気がいりますよね
先生は昔から
そういうことが
できたんですか？
そうだねえ
小さい頃から
人と違うことばかりして
変わり者
扱いされていたなあ
善兵衛さん
あなたは
どうでした？
私
ですか⁉
私は
マジメな良い子で…
と言いたいけれど
そうでも
なかったかなあ
相場で成功するには
相場の流れを
しっかり
とらえたうえで
そこから
機を転じることが
大切かもしれないね
流れにはまると
なにも見えなく
なってしまうよ
う〜ん

第六十六章　買気《かいき》をはさむ売方心得違《うりかたこころえちがい》の事
第六十七章　一分《いちぶん》の存念《ぞんねん》にて売買無用《うりかいむよう》の事

六六、買気をはさみ売ること、大に心得違ひなり。仮令へば、此米上るべけれども、晦日頃迄には当分強みあるまじく、此処にて少々売付置き、利足落とも、朔日二日頃買過すべしと、売ることあり、甚だ心得違なり。決して、下ぐべく思ふ頃より上る者なり。是非下ぐべしと売付る時は、景気になれば尚々其処にて買兼、一日二日と過る内、買遅れて、買入月に却つて売方になるなり。思入の通、月末には少々引下と雖も、此米今少々引下ぐべき間、来月になり利足落候ても替ることある間敷と、米弱みに見え候へば、猶々買遅るるなり。来月上と見定むる時は、唯買場を待つべし。

我一分の了簡にて売買決して致し間敷なり。三位の伝を表にし、立羽を極め、売買の内立抜くべし。

六六、売方についているのに、ときどき買いを入れる。これはいただけません。例えば上げ相場の途中で、月末までは上がりそうにないからちょっとだけ売っておくとする。そしてその月のうちに手仕舞いせずに、翌月に持ち越し、買い方から利息（米の相場では買い方が売り方に利息を払っていた）を取ってから一、二日ころドテン買い越ししようなどと考える。これは良くないです。こういう了見のときは、必ず、下げると思えば上がるものです。

逆に、まず下げるだろうと思って売り込むときは、上がったりするもので、買いそびれ、一、二日たつうちに買い遅れ、買い入れるべきときにかえって売ってしまうのです。思惑どおりにいったとしても、月末に少し下げたりすると、その間に月が替わって利息落ちすることになります。それでも動きに変化はあるまいと弱気でみているので、また買い遅れるのです。近いうちに上がると見込んだなら、ただ買うチャンスだけを狙って待ちなさい。

自分の一存での売買は、決してするべきではありません。三位の秘伝をよく参照して、相場の流れを見極め、売り買い、どちらの立場を貫くのか、決めて行いなさい。

売り買い
どちらか…
まあ
帰り道も
相場の話なの？
申し訳ないね
でも
今日は
酒田からわざわざ
善兵衛さんたちが
来てくれたし
二五〇年先の
お客人まで
いらっしゃって
相場の講義をすると
決めちゃったから
やるしか
ないんです
一度　決めたことを
曲げるなって話も
しちゃったしね
はいはい
私が止めても
ムダね
存分にどうぞ

第六十八章　立羽《たちば》もなく高下《こうげ》に連《つ》れ候事

第六十九章　三位《さんみ》の伝《でん》を以《もっ》て上下《じょうげ》鍛練《たんれん》の事

六七、米の高下に連れ、立羽もなく、上ぐべし下ぐべしと商内致し、五六日も過ぎ、米の動きに連れ、弱気になり、其節売過致し、十四五日も過ぎ、又々買気になり、其度毎に損出るなり。是は商内を急ぎ、是非共取る心にて致す故違ふなり。慾を離れ、天井底を見定め、上ならば上、下ならば下と、立羽を極め、三位の伝に引合せ、売なり買なり立抜くべし。

六八、此商三位の伝を以て、一体の上下を見極め、二つの内、何程の下げ、何程迎上げ、何程にて止まる、其節、上方此方作合を考へ、始終如何と丹念致し、仮令ば買に付時は、其間の狂ひ高下構ひなく、立羽を崩さず、しっかりとすべきなり。思入当る時は、勘定の通取留る者なり。安き処にて買、高き処にて売るべしと心掛けては、宜しからず。上げと見込む時は、全体を考へ、片買と心得べし。若し又了簡違ふ時は、早速売返し、休み、得と米の動きを見るべし。其節米弱みに見ゆる故、売過することあり、甚だ宜しからず。是非下ぐべしと存じても、売らざる者なり。

六七、相場の上下につれて、自分の方針もなく「上げだ」「下げだ」と目先の売買をすると、五、六日も過ぎた頃、だんだん弱気になって売り過ぎて、一四、五日過ぎた頃にまた買う気になってそのたびに損を出してしまう。こういうのは儲けを急いでいるからで、欲心で売買するから間違うのです。欲を離れて天と底を見極め、上げなら上げ、下げなら下げとハッキリ見通しを立てなさい。私が伝えた三位の秘伝によく照らし合わせ、売り方、買い方の立場を貫きなさい。

六八、三位の秘伝に照らし合わせて、上げ相場なのか、下げ相場なのかをまず見極めなさい。その上げ下げの限度、季節や大阪の影響、作柄などもよく研究しなさい。そのうえで買いに出るときは、上げ過程のなかの細かい上下に心を動かされずに、方針をしっかり通すべきです。思惑が当たったときは予定通り利食いしなさい。安いところで買って、ちょっと上がってきたらすぐに売ろうとちょこまかしてはいけない。上げ相場と見込んだら全体の流れのなかで一番上を狙って買い、買い、買いと進みなさい。もし予想がはずれたら、すぐに売って休み、とくと米の動きを観察しなさい。そういうときは下げ相場に見えるので売り越しすることがあるが、よろしくないです。絶対下がると思ってもドテン売りはしないことです。

ご覧なさい この木
見事だねえ
枝は上へ上へ
根っこは地面の下へ下へ
つる草は横へ横へ伸びていきます
みんな方針が定まっているのですね
方針が決まって初めて現実の障害をどう乗り越えるか
しっかりした対策を立てることができるのです
方針が決まらないままただやみくもに動き回っても
利益どころか大損を出すことになりかねません

第七十章
高下に連れ 米の一体《いったい》を失《う》ふ用心の事

七〇、此書を見極むると雖も、高下に連れ、米の一体を取失ふことある者なり。折々三位の伝に引き合せ、全体、米の上か下かを見合せ、月々日々高下を考へ、気動く時は、毎日売買に思入付け、年中商致す故、商仕舞の節は、詰り損出るなり。一年の内、両度ならで、丈夫に商致処なき者なり。三位の伝を以つて考へ、此米、二三ケ月に上るか下るかを得と考へ、売買共一ト節に立抜くべきなり。夫共心元なきことあらば、幾月も相待ち、図に当る時を考ふべし。返す返す三位の伝を離れ、一分の了簡にて商すべからず、肝要のことなり。若し一分の了簡を以て商致せば、

七〇、この書をよく読んだとしても、上下に惑わされ、米相場全体の流れを見失うことがあるものです。折に触れて三位の秘伝を参照し、全体の流れや上げ下げを判断していても、毎月毎日よく考えていたとしても、チャンスを見つけたと思っては年中売り買いしていれば、わけがわからなくなって損が出るものです。

大きなチャンスは一年に二度はないものなのです。この秘伝をよく考え、（大きな流れを目標に）二、三ケ月上がるものなのか、下がるものなのかよく考えて、自分の姿勢を決めて貫くべきです。売りか買いか決めかねるような不安な時は、「ここだ」と思える時まで幾月でも待ちなさい。繰り返しますが、三位の秘伝を忘れて、自分勝手な了見で商いしてはいけません。とても大切なことですよ、これは。もし自分のな勝手な了見で商いをしたら、損は間違いありません。

見て
ふくろうが
いるわ
本当だ
全然
動かない
みたいだ
けど…
しーっ
静かに
……
ばさっ
わっ
エサを
狙って
いたのか
見事ですねえ
じいっと
状況をうかがって
今だと思ったら
迷わず動く
まるで
相場の極意
ですね
そうだねえ

第七十一章　霜月前引上《ひきあげ》落引《おちびき》の米売方《うりかた》無用《むよう》の事

第七十二章　通《かよい》相場用心の事

第七十三章　売買共心《ともこころ》進み立候節《たちそうらうせつ》、二日相待《あいまつ》秘伝の事

七一、霜月前、五六十俵上にて落引の米は、決して売ること無用。百俵上位にて落引の米は、売方と心得べし。但し春夏の米にて、乗米多き時は、百俵上にても、算用に背かざるべし。

七二、通相場抔にて四五百両も売付置き、二十俵方も利分附候時、的へ当ると心得売込むことあり、大に心得違ひなり。通高下は一二俵の者に候へば、十俵二十俵の高下、早く見切り取留る者なり。売買を浦山敷思ふべからず。

七三、此米是非是非上るべし、今日中に買ふべしと進み立候節、二日待つべし。是非是非下ぐべしと売気進む時は、是又二日待つべし。是極意の秘伝なり。統べて天井直段の時に成ては、見計ひ第一なり。天井直段出る時は、売るべしの心専一なり。底直段の節は、買ふべしの心専一なり。此心掛忘るべからず。

七一、十一月まで五、六〇俵上げて一段下げるときは決して売らないこと。百俵上げくらいで一段下げるときは売りです。ただし、春夏の米で買い増しが多いときは百俵上げでも売りません。

七二、保ち合いのときに四、五百両ほど売り、二〇俵ほど利がつくと「いける」と思ってさらに売ることがある。これ心得違いです。保ち合いの上下はせいぜい一、二俵ですから、十、二〇俵の上下は早く見切って手仕舞いなさい。もっと売買したかった、などと未練がましく思わないことです。

七三、「絶対上げだ、今日中に買わなくちゃ」と気が急くときは二日待ちなさい。絶対下がるぞと売り急ぎたくなるときも同じです。これ極意の秘伝です。すべて天井値、底値になったときを見計らうことが第一。天井直段で売ることだけ考えなさい。底値で買うんだということだけ考えなさい。この心掛けを忘れてはいけません。

さあ私の講義を聞いたからには「すぐに買いだ」と勇み立ったとき二日間ぐっと待てますよね？
あはは
あははってなんですか
いやぁ〜勇気のいることです
そう 勇気がいるよくわかっていますね
きっと実践してくださいよ
そこまで念を押されちゃ思い出さずにはおれませんね
ちょっとしつこかったかな？
ははは
ははは…

第七十四章

落掛《おちかか》りの事

七四、何十俵　買上何俵にて落るなり。
何十俵　売下何俵にて落るなり。

七四、何十俵買い、上げは何俵上げたら落ちるか。
何十俵売り、下げは何俵下げたら落ちるか。

おお
これは どのくらいに なったら見切るかの 目安表です
こうやって 表にしておくと わかりやすくて いいですね
これに従えば 良いわけだから 楽ですねえ
でも この表があるから安心 なんて思っていると それが 油断につながるから 気をつけるんだよ
はい

第七十五章　相場二三ケ月持合ふ《もちあう》時心得《こころえ》の事

第七十六章　一《ひ》と足踏《あしふ》みはづ《ず》す時は皆裏表《みなうらおもて》になる事

七五、相場二三ケ月も持合ふ時は、十人が八九人迄売方に向く者なり。其後極めて上る者なり。但し、登り詰百俵上位にて持合ふ米は、下相場と心得べし。

七六、商数月思入克く仕当る時、決して勝に乗るべからず、唯無難に取留ることを専らにすべし。数月思入当る故、売買共心易き者に心得、少々の高下にも、思入を立たがる事あり、是慎しむべし。此商、一と足踏外す時は、皆裏表になる者なり。返す返す大切に取り、麁留に心得べからず。比商、天性自然の者にて高下ある故、三位の伝を離れ、利を得ることなし。

七五、相場が二、三ヶ月も保ち合うときは、十人のうち八、九人が売りに向くものです。その後が、極めてチャンスなんですね。ただし、上りつめ、百俵上げくらいで保ち合っているときは下げになります。

七六、数カ月にわたって自分の思惑がよく当たっているときは、決して図に乗ってはいけませんよ。ひたすら無難に目標のところで利食いしておきなさい。数ヶ月当たると、達人になったみたいな気になって、少々の上下にも自分の読みは正しいと思い入れをしてしまいがちです。これは慎むべきです。相場というのは一歩間違えばすべてが裏目に出てしまうという恐ろしさがあります。繰り返し言いますが、相場は慎重に取り組み、粗雑な心で臨んではいけません。なにしろ、天性自然の理で動くものですから、私の秘伝を守らないで自分勝手に仕掛けても、利を得ることはないのです。

調子の良いときは本当にもう自分が神様になったような気分ですね
そんなに良いときがあったのですか？
善兵衛さんそんなに威張って言うもんじゃ…
あったんですよ
次から次へと当たっちゃってね
十倍も利益が出たら
本当に頭がおかしくなります
その後家屋敷まで手放すようなスッテンテンの惨状になってしまいました
あなたは絶対そういう失敗をしないでくださいね
はい

第七十七章　売買気《うりかいき》を転じ秘伝の事

第七十八章　三年塞酉《ふさがりとり》の方《かた》へ廻《まわ》る年心得の事

七七、米弱みに見へ、頻りに売気進み立候節、三日待、気転じ買方に付くべし、極めて利運なり。是非上ぐべしと買気進み立候節、是亦気を転じ売るべし、米商の極意なり。常々此心忘るべからず。我強気の節は、人も強気と思ふべし。我弱気の節は、人も弱気に片寄るなり。上げ詰下げ、下げ詰上る、陰陽自然の道理なる故、考に及ばざるなり。専ら三位伝に任すべし。

七八、三年塞酉の方へ廻る年は米大に上る者なり。但し、此事相違なし。夫共御蔵米滞、又は札方申分出で、又数年上作続き、米沢山極安廻りの節、見合せ深く思入立べからず。右変なく、日本中並に当地上作年にて、年柄より見越安直段に候はば、随分買入るべし。此三年塞に廻る年は、九州上方当地共に、天災ある年なり、疑ふべからず。冬中天井直段出る後、少々引下げ居り、其後十一月正月三月甲に廻る故、此時五六十俵上有るなり、疑ふべからず。此事七月甲に廻る年は、日本当地共、上作にても見合なく、六月より油断なく買入るべし。

七七、相場が弱く見えてちっとも上がらなそうに感じ、売りたくなるときがあるけれど、そういうときは三日待ち、気を転じて買いにつきなさい。極めてチャンスです。逆にこれは上がるぞと買い気がうずうずするときもまた、気を転じて売りに入りなさい。これが極意です。忘れないでください。自分が強気なら人も強気。自分が弱気なら人も弱気。みんなで極端に片寄ると、陰陽自然の法則で逆転するものです。人間の頭で考えても及ばないのです。三位の秘伝に任せなさい。

七八、三年塞がり酉の方へめぐる年（陰陽道でこの年回りの時は三年間、凶とされる）は、米が大いに上がります。間違いありません。しかし、お蔵米（貯蔵）がいっぱいあって、米券の空札発行で不渡りが出たり、数年の上作続きで古米が潤沢にあって安かったりするときは、行動を見合わせ、深い思惑買いをしないように。以上のようなことがなく、日本中上作で、例年より安値であれば沢山買い入れても良いでしょう。この年回りは九州、大坂、当地共に天災がある年です。冬中天井値が出たあと少し下げがあります。そのあと十一、正月、三月が甲に当たるので、このとき五、六〇俵必ず上がります。七月が甲に当たる年は日本縁国、当地でも上作になったとしても、見合わせたりしないで六月から買い入れるべきです。

三年塞がりって なんですか
陰陽道で この年回りのときは3年間 凶だとされているんだ
へえ
皆さん お風呂は どうされますか
たくさん いらっしゃる からねえ
お近くの 銭湯へ 行かれては？
ああ みんなで 銭湯も いいね
ゆったり してこよう

第七十九章　天一天上日《てんいちてんじょうび》の事
第八十章　急に儲《もう》くべしと思ふ時心得の事

七九、天一天上　八専入　丑日　不成日

右、米段々上げ百俵近く成り、此日に当つて高直段出る時は、是則ち年中行付天井直段なり。此後、是より高直段出る事なし。右三年塞の年、七月甲に廻る年、決して此日天井なり。但し、通例の年にても、此□天井出ることあれども、多くは稀なり。唯の日天井出るなり。米段々上げ、百俵近く成、廿九日晦日両日、一二分方も景気克く出る時は、其次月、天井直段出ると心得べし。疑ふべからず。

八〇、急に儲くべしと、商を急ぐ時は、日々の高下に迷う故、相場を追掛け追掛け商致す故、其度毎に損出るなり。新米は、上方諸方順気作合能々相考へ、天井底を考へ、三位の伝に引合せ、買方に付始終強気立抜くべし。春夏の米も、右の順なり。附出し大切なり、幾月も見合せ、底を見極る事第一なり。商仕当る時は、見切大切なり。商仕舞、四五十日休む事肝要なり。

七九、天一天井、八専入、丑日、不成日。これらに当たる時の相場はだんだん上げて百俵近く上げます。この日になって高値が出るときは、これが一年中で一番高い天井の値段です。このあとこれより高値をつけることはありません。三年塞がりの年で、七月が甲に当たる年は必ずこれらの日が大天井になります。通常の年でもこれらの日に天井が出ることがあるが、それは稀なことで、通常は普通の日に天井が出ます。だんだん上げて百俵近くなって、二九日晦日両日、二分方上げになる時は、その次の月に天井が出ると心得なさい。

八〇、急いで儲けようとするときは、日々の上下に惑うので、相場を追いかける状態になって、必ず損が出ます。新米は大坂、諸地方の作柄をよく考え、天井、底を考え、三位の伝に引き合わせ、買いにつくと決めたらその後はずっと買いで貫いてください。春夏の米も同じです。最初の出方が肝心なのだから、一歩踏み出す前に幾月もよく研究し、底を見極めなさい。そして当たったらさっさと手仕舞う。その後は休みます

天一天井　八専入
丑日　成日って
わかった？
いや～
やっぱり
ちょっと難しいですね
慣れなくて
でも
大寒とか立春とかは
残っていますよ
それに旧暦の言葉の意味と
実際の天候は統計的にも
かなりの確率で
一致すると
聞いたことがあります
やはり
日本の気候や風土に
合っているんでしょう
もっとも
あなたの時代には
農産物以外のものが多いそうだから
あまりこの暦は
使わないかもしれないね
まあ　興味を持ったら
あとで調べてごらん
はい

第八十一章　高下《こうげ》の本《もと》は作《さく》の善悪の事
第八十二章　大阪相場を以《もっ》て掛引《かけひき》の事

八一、作の善悪、高下の本なり。其年々、九州、上方、当地、近国並びに古米等多少の考、第一なり。三位の伝と雖も、高下を知る術にあらず、三位の節に到つて、何等の事出来て、上ぐべきの節を知るの術なり、深く考ふ可き者なり。

八二、大阪相場は、秋は国々作に寄て上げ勝なり。年々四五六七八月迄下る者なり。春夏七八月に到つては、古米かすり、又は麦作夏中違之無き時は、大阪相場よりも船足早く、御蔵米も出透き、瀬戸内辺米かすりにて、当地夏米に成ては、船々買急ぐ時は、案外の高直出る事あり。此時御蔵出方、内米透口、船数の考、第一なり。大阪は何時頃天井、何時頃底直段出ると、年々覚へ置くべし。其模様により、掛引あるべし。扨加賀米にて、四十八九匁五十一二匁は底なり。

八一、作柄の良しあしこそが相場の高下のもとです。その年その年、九州から全国各地、ならびに古米がどのくらい残っているかを、綿密に考えることが第一です。三位の伝といっても高下を知る術ではありません。三位の節（天井、中間、底の位置）が出てきたときに、どういうことがあって上げになるのか、そのきっかけを知る術です。深く考えて下さい。

八二、大坂相場の秋は諸国の作柄を見つつ上げに向かいがちです。春夏七、八月は古米が少なくなり、作物が夏中異変なく健やかなときは例年四、五、六、七、八月まで下がります。当地の夏は大阪より米を買う船が早く来るし、お蔵の貯蔵も少なく、瀬戸内辺りの米も少なくなって買いの船が急ぐときは案外高値が出るものです。この時お蔵米の出方、農家の貯蔵米の残量、買い付け船の数をよく考慮に入れなさい。大坂はいつ頃天井か、いつ頃底か毎年のデータを調べておきなさい。そのデータを参照しながら駆け引きすると良いです。なお、加賀の米は四八、九匁から五一、二匁、大坂より下ザヤのときは底値です。

先生は全国の事情に精通してるんですねぇ!
そう 地域による差も利益に大きく影響するからね
各地でそれぞれ特徴があるし
互いに影響し合って値段を形成している
だからできるだけ把握しておきたいんだよ
あなたの時代なら知っておいたほうが良い情報はきっともっと増えているんじゃありませんか?
きちんと勉強するんですよ
はい…なんだかのぼせてきちゃった
ははは
そろそろ出ようか

第八十三章 十《じゅう》余《よ》、二三丁《にじゅうさんちょう》、一二三匁《ひゃくにじゅうさんもんめ》、廿匁《にじゅうもんめ》より其《その》余《よ》の事

第八十四章 二《に》十匁《じゅうもんめ》底《ぞこ》の事

八三、十余上売るべし。但し、其年不熟なる時は、見合すべし。二三丁の下買うべし。但し、廿五俵より上げ詰る米は、買急ぎなり兼るなり。一二匁、三匁は、天井なり。売るべし。二十匁より其余は、底なり、買ふべし。但し、天井直段、底直段記し置とも、上げかかる米には、算盤を取らざる者なり。

八四、二十匁底。但し通例の年なる時は、古米五六月頃引下げ、作合一両年続く時は、廿五六匁乗迄下る者なり。当地不作年は、十六七匁底にて、天井は乗米なしなり。上作年は廿匁底にて、天井は十一二匁と心得べし。作合心元無き時は、油断なく買入るべし。此天井直段出る後、五六ケ月敗々売方して十分利運なり。天井直段出ざる内は、決して売方すべからず。但五六月は、米の多少に寄り考に及ばざることあり。買持多き年は、六月決して崩しなり、疑ふべからず。

八三、十両につき十俵のくらいの上げ（百両だったら百俵上げ）だったら売りです。ただしその年不作の時は見合わせましょう（もっと上がる可能性あるから）。二、三回の段下げがあったときは買いです。ただし（十両につき）二五俵以上、上げつめた米ならまだまだ下がる可能性があるので、急ぐことはありません。当地が大坂に比べて一、二匁三匁高めのサヤのときは天井ですから売ると良いです。同じように大坂に比べて二〇匁以下だったら底ですから買うべきです。ただしこのように天井値、底値を示したからといって、その通りにならないこともある。上げかかった相場は（そのときの状況次第で）予想がつきません。

八四、（大坂との差が）二〇匁も差があるときは底です。ただし通例の年は古米が五、六月頃下げになり、一両年作柄が良ければ二五、六匁位まで下がります。当地が不作のときに一六、七匁下げザヤなら底で、天井は乗せ米がない。上作の年に二〇匁下ザヤならこれを底と見て良い。天井は十一、二匁と心得るべきです。作柄が懸念されるようなときは油断なく買い入れてください。この天井値が出たあとは、五、六月とだんだん売り方に精を出せば利が上がります。天井値が出ないうちは決して売らないこと。ただし五、六月は古米の多少によって予想外のことがあります。買い付けの多い年は六月に必ず崩れます。

あの　先生
疑っているわけじゃ
ないんですけど
ないけど？
信じきれている
わけでも
ないんです
ところで
この着物
ありがとう
ございます
私のお古で
恐縮ですが
わー
感激です！
それでね
信じているわけでも
ないというのは
良いことだよ
必ず
予想外のことって
あるからね
データはすべて
数十年の
分析結果だから
客観的事実だけど
それだって
例外はあり得る
あの～
着物
着たことないので
帯が
結べないんです
あ
やって
あげましょう
未来では
着物を着ないなんて
不思議ですねえ

第八十五章　十二匁中《じゅうにもんめなか》の事
第八十六章　一匁天井《いちもんめてんじょう》の事

八五、十二匁中。但し、六七月新米出初の頃、古米五六月天井直段にて居る時は、其釣合にて新米高直段に出るなり。其節は、作合得と見定め、売附べし。作合善き時は、二十匁余迄下る者なり。但し、三百両の目早、深入無用、慎むべし。

八六、一匁天井、但し、当地不作年は、乗米十六七匁底にて、天井は一匁位、又は乗米なしと心得べし。其次三四匁、其次八九匁、夫より十三四匁迄下る者なり。此天井出る時は、乗米を考へ売込む者なり。通ひ相場にて、五六ケ月定めて下るなり。下相場の売附は、一ケ月切に仕舞ふ者なり。夫共に、極引上げ、乗米なしの処にて、二三ケ月遠き処を売付け置く時は、仕舞ふに及ばず、二つ仕舞、三つ十分、四つ転じ、是三位の秘伝なり。常の月の売付は、廿九日迄に仕舞ふ者なり。五月六月の売附は、十八、十九廿一日迄に、サッパリと仕舞ふ者なり、心得べし。

八五、一二匁のサヤを保っているとき、これは中値なのです。六、七月新米出始めの頃、古米が五、六月天井値にあるときはその釣り合いで新米も高くなるものです。そのとき作柄をよく見極めて売るべきです。作柄がよいなら二〇匁まで下がるものです。ただし三百両ほどで手早く深入りせずに手仕舞うのがいいですね。欲は慎みましょう。

八六、大阪との差が一匁まで迫ってきた時は天井です。ただし当地が不作のときは乗せ米一六、七匁で底です。天井は一匁くらい、あるいは乗せ米がないときと心得なさい。このあと三、四匁のサヤ、八、九匁のサヤと下がり、さらに一三、四匁の下ザヤになる。こういうときは乗せ米の多少を考えながら売り込みなさい。高下を繰り返しながら五、六月に大体下げ相場になる。下げにおける売りは一ヶ月限りで手仕舞うものです。でも上げつめて乗せ米もないとき、二、三ヶ月先を見ての売りなら、はい、再三申しておりますが、二回目の追証で利食い、三回目で手仕舞い、四回目ドテン買い、でしたね。通常、五、六月の売り付けは一八～二〇日までに手仕舞うものと覚えておきなさい。

奥様からご伝言です
夜も更けましたので
そろそろお休みになっては
いかがかと…
お布団は
ご用意して
おきましたので
いつでも
お休みください
では　今日は
お開きにしましょうか
ちょっと
詰め込みましたから
お疲れでしょう
ゆっくり
お休みください
お鶴さん
あなたがいないところで
話した内容は
善兵衛さんが
書き留めてくれました
まあ～
ありがとうございます
ありが
とう
ござい
ました
あ　そうだ
先生
寝る前に
大事な預かり物を
お渡ししておかなくては
ごそ
ごそ

※上杉鷹山

ビジネス業界では経済立て直しの名手として有名。故ケネディ大統領が「私の尊敬する人物」として名前を挙げたことでも知られる。愛による経済復興を成し遂げた人物。

光丘の名は
二五〇年も
残っているの
ですね…
ありがたい
先生の名もです
僕は先生と光丘さんが
伯父・甥の関係だと知って
とても興味を持ったんです
本間家の家系を
ひもといていくと
宗久先生は
ただの相場師ではないと
思えてきたのです
ありがとう
そうなのです
私は相場師として
名を上げましたが
すべて本間家の
人間としての生き方の
表れなのです
甥の光丘とは
個性がぶつかり
一時　仲違いしましたが
私たちは
本間家の精神を
大切にしている点では
まったく同じなのです

で だんな様 手紙にはなんと?
ああ そうだった
……
おお……!! これは…
和解の 申し入れだ
ほ 本当ですか 先生!
おめでとうございます!!
すごい 今日は 和解の日 だったんですね
感無量だ… 本間家から 絶縁されて
二八年振りに もらった手紙だよ
よく和解してくれたものだな あの光丘が…

今日は良い日だ
ご先祖にもご報告しましょう
ちょっと失礼
おや皆さんまで…
ありがとうございます
ささごゆっくりお休みください
おやすみなさい
おやすみなさい

中段

本間宗久の生涯

——この夜の静けさのうちに
宗久の生き様を追ってみましょう

優れた思想や感性の原点を見つけるには
その人の生涯をひもとくのが一番——

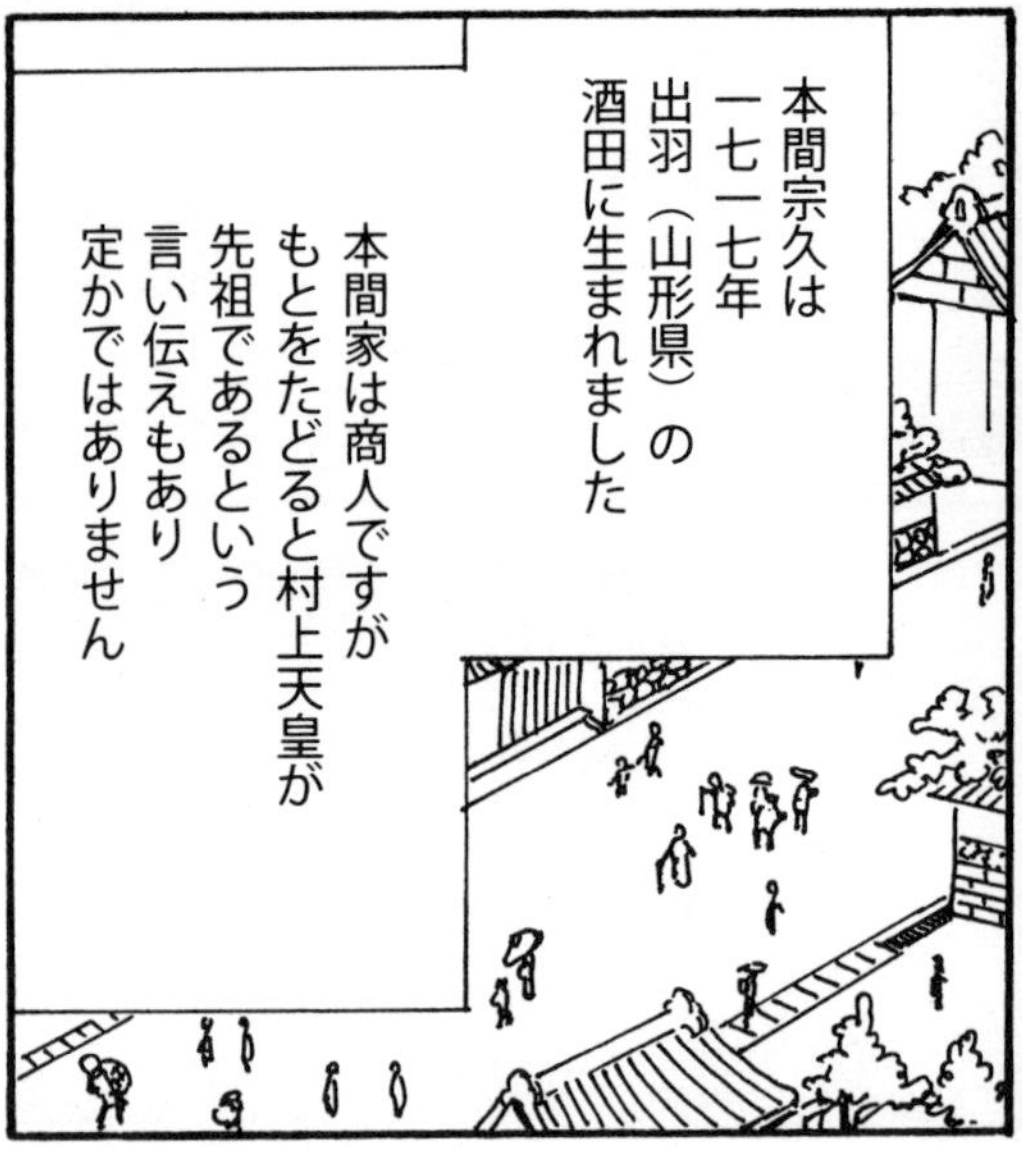
本間宗久は一七一七年出羽（山形県）の酒田に生まれました
本間家は商人ですがもとをたどると村上天皇が先祖であるという言い伝えもあり定かではありません

当時の酒田は港を中心に大阪の堺のような自由都市を形成し
商いで台頭してきた新興商人たちが日本海の交易ルートを開発し大いなる発展を遂げつつありました
どうしたんです？
ここのご主人が酒田藩家老の酒井様に頼んでまだ一六歳の坊ちゃんを江戸行きの付き人にしてもらったんだそうだ
ほう そいつはすごい
ガヤガヤガヤ
お父様 行って参ります
ああ おまえも もう一六歳だ しっかりな
宗久の父※・本間原光は酒田で「新潟屋」という店を開いて発展させた商売上手の初代であった
この子は幼いころから神童といわれた賢い子だ
なんとかこの子の才能を伸ばしてやりたいものだ

※宗久は原光の養子（娘婿）という説もあるが、最近の史料研究では五男説が有力。

久作※（宗久の幼名）せんべつだよ
あ 兄さん ありがとう
兄さんは病気がちだから心配です
私がいない間 無理をしないでくださいね 夜は早く寝て 体は冷やさないように ご飯もちゃんと食べないと…
ははは おまえはまるで母親だな 大丈夫 心配しないで行っておいで
原光の長男 本間光寿
兄とはいっても久作より二六歳も年上で兄弟というより親子に近かった
いってらっしゃいまし〜
でも久作さんは残念ながら五男坊なのよね
いくら優秀でも跡取りにはなれないなんてもったいない話よね

※「宗久」の名は後年になって改めたもの。それ以前には「久作」「伝次」などいくつかの名がある。ここでは便宜上「久作」で統一した。

かくして久作は
初めて江戸を訪れるのだが
当時の江戸は
百万人都市――
それは当時
世界最大級の
巨大都市だった※
※当時、パリやロンドンでも八〇万人だったと言われる。
ひ
人だらけだ…
そのパワーは
年若い久作を
圧倒するのに
十分だった

このときは
八代将軍・吉宗の
有名な倹約令により
厳しい経済政策がとられ
世の中は大不況にあえいでいた
そのなかで
米相場だけは
大いなる活況を呈していた
ガヤガヤ
ワイワイ
ガヤガヤ
買いだ！
売りだ！
売り！
吉宗が
「自分の意のままにならぬ
唯一のものが
米相場だ」と嘆いたと
伝えられる
ほどである
ワイワイ
すごい
熱気だ
しかし
酒田に戻った久作は
驚いた
限りない一面の
田んぼ…
そ
そうか

ここは庄内平野
日本一の米どころだ…!
しかも
活気にあふれた
港がある
米会所も
ある!
うちの店は
商品の販売流通だ
米も扱っているし
米の情報入手にも
事欠かない
なんだ
自分の
やりたい
ことは
自分の足下に
あったんじゃ
ないか
まるで
私を待っていたかのごとく…
ここにあったんだ…!!

しかし
この報告を聞いて
父・原光は喜ばなかった
相場に手を出してはいけない
えっ
商いの正道ではない
……
原光は賢い人だった
兄弟の競争心がかち合わぬよう次男・三男は分家・独立させ四男は医者に五男の久作は長男の補佐役とした
長男・光寿と五男・久作は良いコンビとなり二人でよく店を発展させた
原光は安心してあの世へと旅立った
それから数年後の長男・光寿の誕生日——
皆の衆よく聞いてくれ
私も今日で六〇歳だ このあたりで隠居しようと思う

店の経営は
実力もあり
働き盛りの久作に
全権を委ねることとする
ざわ
ざわ
本来であれば
私の長男・光丘が
跡取りとなるところだが
まだ一九歳の未熟者ゆえ…
しばらく
修行に
出てもらう
愛媛の奈良屋さん※は
大変　勉強になるから
奉公してきなさい
愛媛…!?
そんな
遠いところへ…
父上は
私に家を
出て行けと…!?
そうでは
ない!!

※当時、頼山陽という儒学者を迎えて商人の道を追求した大物商人。

他人の釜の飯を
食わねば
一人前にはなれぬ!!
三代目というのは
とかく
ぼんやりしてしまうものだ
よほど実力がなければ
店を潰してしまう
わかるな?
はい
……
久作
おまえは大変
才能がある
店のことは
すべて任せるから
思い切って自分の考えで
切り盛りしてみなさい
兄さん…!
ありがとう
ございます

久作は
店を任されると
それまで
密かに研究してきたことを
実行に移した
すなわち
店の金を使って
相場を
はったのである
久作の読みは
面白いほど
よく当たり
酒田中の人々が
目を丸くした
そして
あっという間に
数万両
（今の数十億円）を
稼いでしまった!!
驚いたねえ
久作の
実力には
このほかに
米の資産も
ありますよ
…っと
また持病が
くらっ
あっ
ご隠居様！
久作が店を継いで
四年ほど
たったころ
もともと
病弱だった
兄・光寿は
永眠した
そして
その長男・光丘が
愛媛から
戻ってきて
事態は
微妙になってきた

皆さん
お話がありますので
集まってください
私は
父・光寿の長男で
この店の正式な
跡取りでございます
つきましては
本日より
私がこの店を
切り盛りさせて
いただきます
叔父さんも
よろしいですね？
ざわっ
承知
いたしました
もともと私は
臨時のお勤めです
今まで
ありがとうございました

それでは皆さん 今日から よろしくお願いします
正直 私には 叔父さんのような 力はございません 地道に堅実に やっていきますので どうか ご協力のほど お願いします
しかし この光丘も なかなか 大変な男なのである
このあと 「店に返していないお金がある」 と言って 久作の縁を切り 店から追い出してしまった
光丘め ひどい 言いがかりだ
四年前 自分が跡を継げなかったのを 恨んでいるのだろうか
しかし… 確かに 上に立つ者の意見が 食い違っていては 店のためにも 良くない
久作は 故郷を出て行った
四年前 光丘が 出て行ったように…

江戸――
相変わらず すごい 人だなぁ…
買いだ
買い！
買い！
すっ
…売り！
江戸で ひと儲け してやろう
売りだ！
甥の光丘を 見返してやる

ところが とんでもない 誤算が 久作を 襲った…!!

酒田では連戦連勝を続けた久作の読みがことごとくはずれたのである
あせればあせるほどはずれついには財産をすべて失ってしまった
ぼーぜん
なぜ
なぜなんだ
なぜなんだ!!

ひゅー
とぼ
とぼ…
とりあえず
酒田に帰っては来たが…
甥に会ったら
笑われるだろうな…
見られ
たくない
聞いたところでは
甥は店を繁盛させたうえ
地域のために
防砂林を作るという
慈善事業に
私財を投じているという※
私の増やした
資産も
すべて寄付して
いるようだが
なんとも
気が滅入る
私は
どこへ身を寄せれば
良いのだ…

※酒田では長年、砂丘の被害で皆苦しんでいた。光丘はその対策として数年をかけて防砂林を作った。今でもその功績が称えられている慈善事業である。

おや
そこにいるのは
本間家の
久作さん？
すみません
今晩
泊めてくれませんか
ああ　もちろん
いいともさ
さあ
お上がりなさい
どうしたん
だい
今にも
死にそうな顔を
しているよ
ふーむ
そうだ
話を聞いていて
ひとつ
ひらめいたんだが

昔
中国で
城に立てられた旗が
揺れるのを見て
兵隊たちが
「あれは風のために動くのだ」
「いや　旗そのものが動いているのだ」
などと言い争った
それを見た儒者が
「風ではない　旗でもない」
「人の心が動くのだ」
と言った
どうだね
この話で
なにか感じるかね
少し
考えさせて
ください
お堂で
ゆっくり座禅でも
されてはどうかな
はい
そうさせて
いただきます

久作は
七日間
座り
続けた

全然
わからん…
もう
座っているのも
限界だ…
そのとき
どこからともなく
風がおこり
あ
ゆら…
仏壇の飾りが
動いたのである
動いた…!

動いたのは
確かに
私の心だ
旗の動きは現象
即ち
相場の上下
風は
上下を起こす
諸事情
それを見て動く
人の心という
ものがある
そうか
がばっ
江戸は
人の数では
酒田とは
比べものにならない
酒田で通じた
ことが
江戸で通じ
なかったのも
無理はない
決定的な
違いは
人の心だ
江戸では人の心
つまり
欲望が
相場を動かす
大きな力だったんだ…！
和尚ーっ
わかりましたーっ！

心機一転
久作は
大阪へ向かった
大阪！
素晴らしい
活気だなあ
待て
待て
落ち着くんだ
ごく…
久作は
資金を調えながら
しばらく静観し
…
やがて
機が到来したとみると
少しずつ
買い始めた
買いだ
あいつ
馬鹿なんじゃ
ないの
ひとりで
ずっと
買ってるよ
もう十分
上がってるんだから
売ればいいのにね
田舎者なんじゃない？
かわいそうだねえ
数日後…
大変だ
大変だ！
まだ
上がり続けて
いるぜ
ええっ
ザヤザヤ

じゃ 買わなきゃ!
俺も!
俺も!
うわーっ 大暴落だ
ええーっ
あぜん
最近 ずっと買ってたあいつも 今ごろ 泣いてるんだろうなあ
いや それが 下がる 直前に 全部 売り抜けた らしい
なんだって⁉
それからの久作は 買えば当たり 売っても当たり まさに百発百中だった
人々は彼を「出羽の天狗」と呼んで 畏れ 称えた
江戸で失った金は 大阪で数十倍にして 取り戻したのである

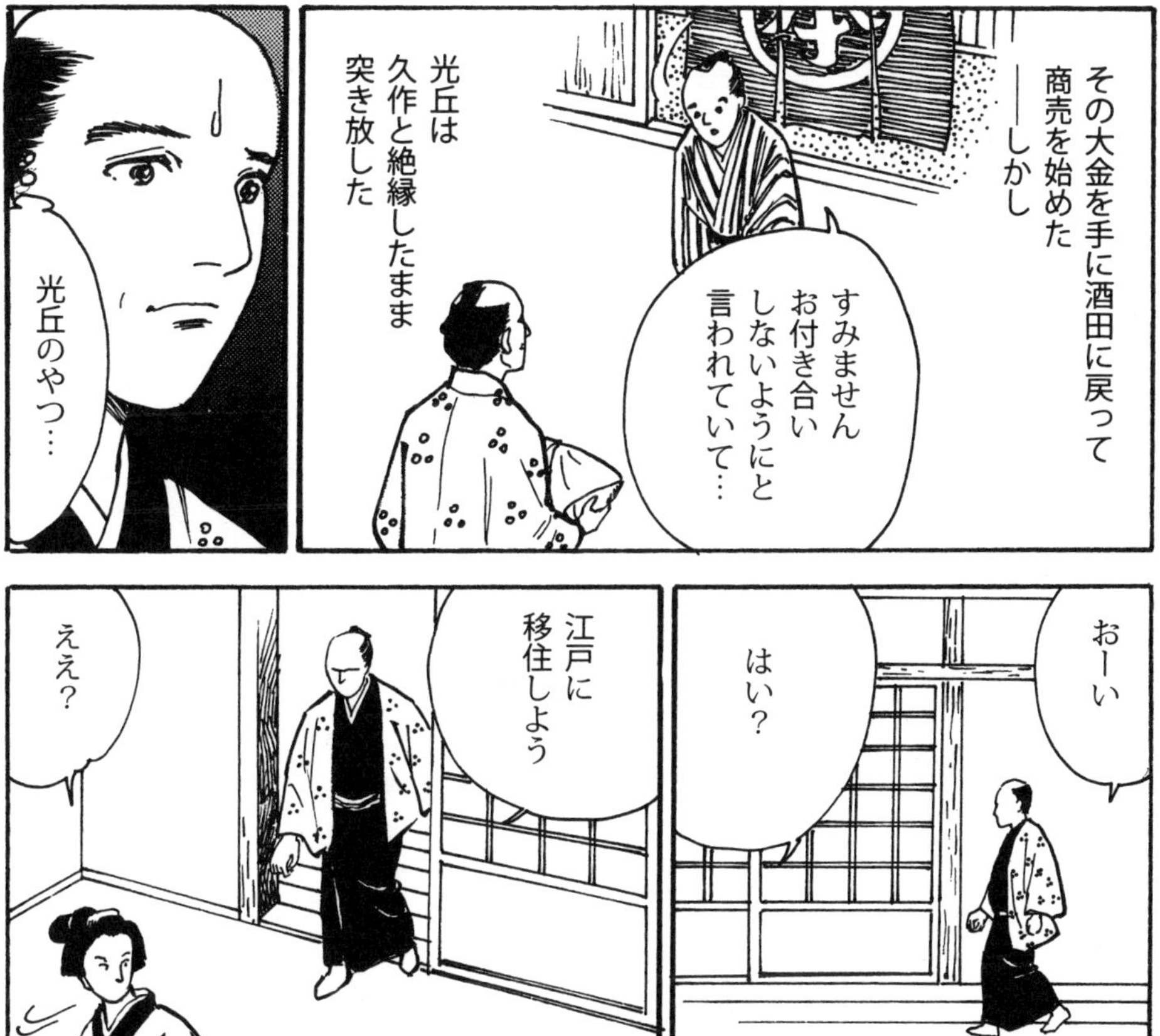
その大金を手に酒田に戻って商売を始めた
——しかし
すみません お付き合い しないようにと 言われていて…
光丘は 久作と絶縁したまま 突き放した
光丘のやつ…
おーい
はい?
江戸に 移住しよう
ええ?
でも あなた 江戸は以前 大失敗したところ
な なんで そんなところに …?
いつだって より良い方向を目指して 飛び込んでいくのが 私の生き方だよ

おまえも
死んだ息子※の
墓参りばかりしているし
良くないよ
ここを
出よう
※このころ久作は息子を亡くしている。
……
五〇歳になったのを機に
久作は名を宗久と改め
江戸へ移った
どどん!
そして
今度は
江戸でも連勝を続け
またたく間に
莫大な財産を
築き上げた
おおお
宗久の成功は
酒田にも伝っていった
光丘さん
宗久さんは
江戸で
幕府の財政相談を
受けるほどだそうですよ
立派ですねぇ
え
幕府の相談役…⁉
↑親類のひとり

すごい
江戸では一度
一文無しになったと
聞いたが
それから
数年で
幕府の信用を
得るまでになった
とは…
私には
真似できない
実は先月
江戸に
用事があって
寄ってきたん
ですが
宗久さん
あなたの
ことを
天才的な商人だと
そりゃあ
褒めていましたよ
光丘さんは
東北全藩の
経済を建て直して
武士に一目置かれているし
地元でも実業対策や
難民救済に力を尽くして
農民や労働者にも
信頼されている
同業者とも
互いに
助け合うような
制度を作ったり…
こんな素晴らしい
人格者で
手腕のある人間が
本間家の跡取りで
本当に良かった
兄さんも
喜んでいるだろうと…

おっと
ちょっと
長居しすぎ
ましたね
すみません
ペこ
ペこ
じゃ
私はこれで
……
叔父さんこそ
天才だ
かなわない
江戸にいても
私のことを
気にかけてくれて
いたのだな…
しかも
あんなに評価してくれて
いたなんて
私は
人間としても
かなわないのか…
いや
人間としての度量なら
私だってあるはずだ…！
叔父さんと
和解しよう！

私たちは酒田に戻らなくてはいけないので
お先に失礼します
あなた輪王寺からのお使いが来てますよ
住職さんがご相談したいことがあるので今日の午後はいかがでしょうかと
ああ
そっか先生もお忙しいんだよなあ…
先生私はもうおいとましますのでどうぞお構いなく
あいやせっかくいらっしゃったんですから…
輪王寺さまへは午後の二時ころ伺いますと伝えてください
はい

コケコーッコ
ぱち
はー
宗久さんの夢
見ちゃった
あの方も
若いときは
いろいろ
あったんだ
なあ…
あれっ
善兵衛さんたち
もう
起きたのかな
きちん!
ガラッ
まだ
薄暗いのに
あっ
善兵衛さん!
おお
お目覚め
ですか
だ
黙って
帰っちゃう
なんて!
どうも
お世話に
なりました

お客人!
あなたには午前中に急いで残りのすべてをお伝えしたいのですがいかがでしょう
多少駆け足になりますが
あはい!
よろしくお願いいたします
ぺこ
たっ
ではまず朝一番
水かぶります?
えっ 水!?
江戸時代の男はみんな身を清めて一日を始めるのです
わかりましたかぶらせていただきます
ザバーッ!
井戸の水は冷たい
ひー
こりゃ目が覚める…!
ふー
でも気持ちいいー
さあ気をひきしめて先生の講義を聞くとしよう!

第八十七章　買《かい》八《はち》分《ぶ》の利《り》、売《うり》二《に》分《ぶ》の利《り》と申《もうす》事

第八十八章　天井《てんじょう》を買はず底《そこ》売らずと申《もうす》事

八七、買八分の利、売二分の利。

但し、売方は利足を取り、其上利米ある時は、甚だ勝手なる者なれども、万一上方当地作難ある時は、大阪上げ来る故、買返しならず、損出るなり。買方は、数月の利払、上げの程知れず、甚だ買悪き者なれども、利運に向く時は、利米は風前の塵にて苦にならず、且多少に限らず、秋米は上らずと云ふことなし、売方すべからず。

八八、天井を買はず、底を売らず

但し、第一の心得なり。上るときも下る時も、天井底を知らざる故、此上、何程上る下ると、上留りの考もなく、買募り売募る故、詰まり損するなり。上げ過す時は、其後決して下ると心得べし。下る時は、決して上ると心得べし。其時、慾を離れ思入れを立つべし。

八七、買い方には八分の利があり、売り方には二分の利がある。

売り方は利息をとれるし、そのうえ当たったときは大変都合の良いものですが、万一大坂、当地で作柄に支障があるときは、大坂から上げになるので、当地で買うことができず、損が出ます。買い方は数カ月の利息を払っていますが、必ず上がる保証もなく、とても買いにくいものです。が、利運が向いたときは利息などは風前の塵のごとく気にならないものです。それから多少にかかわらず秋米は上がらないということはないので、売らないように。

八八、天井を買わず底を売らない。

これは第一の心得。上がるときも下がるときも、天井と底の見通しがついていない人は、やたらに売り買いして損をするのです。上げ過ぎたあとは必ず下がると心得なさい。下げ過ぎるときは上がります。そのとき欲を離れ、思い入れを断ちなさい。

どどど
お掃除手伝わせながらすみませんねぇ
私は根が商人ですから一日は掃除から始めるのです
さあ今のところでなにか質問ありますか
いえ大丈夫ですだいたい前の章と同じですから
ようしいいねその調子!
でも新たに買いが大事と認識しました
そうだねそれでいいよ
さて次は庭掃除だよ

第八十九章　豊年《ほうねん》に米《こめ》売り申すべからざる事
第九十章　凶年《きょうねん》に米《こめ》買《かい》申すべからざる事

八九、豊年に米売るなと云ふ事あり。但し、豊年故人気弱く、相場見越安きなり。日本中上作稀なり。何れの国か欠作出づる故、九十月より大阪上げ来るべし。又豊年と諸方へ聞ゆる故、冬中買人も来るべし。

九〇、凶年に米買ふなと云ふことあり。但し、凶年故見越高直に商出で、其上、地方他所の商人共思入多く其外、町在共に無用の米も買取、札納旁、作割よりも、七八九十月迄に上詰る。其上人気張詰め、夏中迄に持詰る故、極意は下るなり、心得べし。

八九、豊作の時は米を売るなと前にも言いましたね。豊作のときは人気も弱く、それを見越して相場も安値です。しかし、日本中豊作と言うことは稀なのです。いずれかの地方で支障が出るので、九、十月から大坂に変動（上げ）が来ます。また豊作と騒がれたので安心して、それまで買っていなかった人も、冬には買いに来るものですよ。

九〇、凶作の年は、逆に買わないこと。凶作を見越して相場が高くなり、そのうえ地方の商人も思惑買いするし、そのほか、町の人まで必要のない米を買い、税金に納める米までも買うので割高になる。七～十月まではいったん上げ止まりますが、さらに上げて、翌年夏まで人気を保ちます。ここで極意を思い出してくださいね。こういうときは、そのあと下げになるのですよ。

さっ
さっ
補足しましょう
凶作のときは普通なら買いたくなります
ところが　そうやって皆が買うから多くの人が高い米を持っていることになってしまう
人気が高いからそのまま持っていることが多いけれど…
けれど？
そろそろ売ってもいいなと思うときにはほかの人も同じように売りたいと思っている
するとみんなが売るので安くなる
なるほど
よし
庭掃除終わり！
次に行きますよ
はいっ

第九十一章　豊年《ほうねん》の凶作、凶作の豊年《ほうねん》の事
第九十二章　足らぬは余る、余るは足らぬと申《もうす》事

九一、豊年の凶作、凶作の豊年と云ふ事あり。

但し、二三年上作、国々米沢山にある時、不作にて深く構ひにならず四五年、半六分七分にて米不足する時は、上作にても米上がるなり。統べて上作二三年続く時は、不足の心を忘れ、怠り飽くことのみにて厭はざる故、左様の節は、一両年の内、手の裏がへしの高直出ると心得べし。

九二、足らぬ物は余る、余る物は足らぬ、と云ふ事あり。

但し、多き物は、諸人沢山と心得、油断して覚悟せず、夫故極意、不足するなり、不足なる物は、人々油断なく覚悟して調のへ置く故、極意は余るなり。

九一、豊年の凶作、凶年の豊作ってわかりますか?二、三年も豊作が続くと、全国に米が余り、たとえ一年くらい不作があっても相場は上げにならないのです。また、四、五年不作が続いた場合、豊作の年が来ても、全然米が足りないので下がるどころか上がります。豊作が二、三年続くときは、人々は不足のときの心を忘れ、贅沢に慣れて米をふんだんに消費します。そういうときは一両年のうちに、手のひらを返したように高値が出るものなのです。

九二、足らぬものは余る、余るものは足らぬ、といいます。物が多いと、人は、いつも物が沢山あると思って油断します。将来の対策も立てずに過ごすので、結局は「足らぬ」状況に陥るのです。不足すると人は油断なく覚悟して将来に備えるので、結局「余る」ことになります。

今のお話は
人生訓としても大変
ためになりますね
あなた
朝ご飯のご用意が
できましたよ
おお
ありがとう
いただき
まーす
おおっ
美味いです！
お代わりも
ありますよ
いや
腹八分目に
しておきます
良い
心掛け
だね
相場でも
腹八分目の心掛けが
大事だよ

第九十三章　人の商《あきない》を羨《うらや》むべからざる事
第九十四章　腹立売買致《はらだちばいばいいた》すべからざる事
第九十五章　天井直段《てんじょうねだん》三年続き夫《それ》より変《へん》ずる事

九三、人の商を、羨敷思ふ可からず。但し、羨敷思ふ時は、其時の相場の位を弁へず、唯羨ましく思ふ心計りにてする故、手違ひになるなり。
九四、腹立売、腹立買、決してすべからず、大に慎むべし。
九五、天井直段、底直段三ケ年続き、夫れより変ずるものなり、疑ふことなし。但し、此事、明和五年に徴し見るに、相違なし。第一、三年塞りの時、七月甲になる年、別して三年続なり。其外の年も、極不作年には三年続なり、見計らふべし。尤位付の書にて考ふべし。但し、初年百廿俵上る時は、二年目は百俵上げと心得べし。翌春より夏中迄下げ候節も、右の順にて、二年目三年目は下げ不足なり。且、其年の買ハラミの多少に因るべし、考ふべし。

九三、人の儲けをうらやましく思ってはいけません。うらやましく思うときは慌てて自分もその儲けに乗ろうとするものだから、相場の正しい状況を把握せずに手を出してしまうので、うまくいかないものなのです。
九四、うまくいかないからといって、決して感情的になって売り買いしてはいけません。おおいに慎んでください。
九五、天井、底値はそれぞれ三年続いては交代するという周期があります。これは、例えば明和五年のときを見てもぴたりと当てはまります。三年塞がりのときや、七月が甲月に当たる年などは特に顕著にその特徴が出ます。ほかの年でも、大変な不作があると、その年から三年高値が続きます。よく見てください。高回りの初年に一二〇俵くらい上がるときは、二年目は百俵くらい上がるでしょう。翌春から夏まで下げた場合も、そのときから二年目、三年目と下がります。それから、その年の買いがどれだけあるかによっても変わります。よく考えてください。

つい人のことをうらやましく思ってしまいそうです
だめだめ
うらやむ気持ちで始めたことってうまくいかないものだよ
人を基準にしたらだめなんだ
現実の動きを自分で直接つかんで判断しないと
はい
魚屋でーす
おお活きの良いのを一匹おくんなさい
昼食に私がさばいてごちそうしましょう
わあ本当ですか

第九十六章

三略六韜《さんりゃくりくとう》タトへ《たとえ》の事

九六、三略六韜の書は、武芸軍術の奥儀にて、其備を堅ふし陣をなすの術なれども、毎度敵を打ち破り、勝を取ること計りはならぬ者と見ゆるなり。米商は軍術と同じ。凡そ数万人商するもの、法立と云ふことなし。此三位の伝は、三略六韜の書よりも、自由に考へ置きたる者なり。七月甲に廻り、三年塞り、是即ち八陣なり。敬ひ大切に所持すべきなり。

九六、『三略』『六韜』の書（中国の古典）は武芸軍術の奥義です。自らの供えを堅固にし、陣立てをする軍術の書です。これを読むと、戦うたびに敵を打ち破り、連勝するということがいかに難しいかがわかります。相場は軍術と同じなのですが、商いをする人は数万人もいるのに、戦術を立てるということをしないのです。この三位の秘伝は『三略』『六韜』の書からも柔軟にその戦術を応用しています。例えば七月が甲月に当たるとき、三年塞がりのことは、兵法の八陣の法なのです。この秘伝は、いろんな知識の集大成でもあるのですよ。大切にしてくださいね。

はたはた
はたはた
いっぱい本がありますねえ
軍術の勉強もされたんですか
ええ中国の兵法は面白いですよ
古典というのはやはり普遍的で根本的にさまざまなことに通じています
読まれるといい
相場にも役立つんですね
もちろんですそれに古典を知っていると
目先のことに惑わされなくなるんじゃないかな
そんなものですかねえ
そういうものですよ…はいご苦労さん

第九十七章　七月甲《きのえ》に廻《まわ》る時の事
第九十八章　上方《かみがた》相場位附《くらいづけ》の事
第九十九章　月切《つききり》商《あきない》仕様《しよう》の事

九七、七月甲に廻る時、当地上方共、多くは天災ある年なり。其節は、七月より急上げに成り、五六十俵は七八月の内に上がり、夫より九十霜月頃迄に百俵百廿俵余の天井出づると心得べし。又上方当地共に、土用中より天気能く照り続き、当地上作の風聞、上方も能く、其上、古米五月中迄半分通、御蔵内米共に残る年は、新古共に、七月迄上げなし。左様の年は霜月限八九十月より段々自然と引上げ、十二月か正月迄に天井直段出ると心得べし。六月より急ぐべからず、見合申べきなり、猶能々考ふべし。其年の古米の多少、作の善悪人気の差別あり。年々、夫故一様ならず。然れども、遅くも早くも、此年上らずと云ふ事なし。

九八、肥後米より筑前米は、四匁位落。筑前米より加賀米は、五分位落。同米より中国米は、九匁位落。同米より荘内米は、七匁位落。右累年、右位の釣合なり。

九九、一ケ月切の商は、見計ひ、少々宛の利を取留る者なり。

九七、七月が甲月に当たるときは、前にも言ったとおり天災が多いものです。その節は七月から急騰して、五、六〇俵が七、八月のうちに上がり、それから九、十、十一月までに百俵や一二〇俵の天井が出ると心得なさい。しかし、大坂や当地で土用の照りが良くて上作の噂も流れ、そのうえ古米が五月中に半分程お蔵などに残っている年は、新米・古米ともに七月まで上げはありません。そういう年は新米が、八、九、十月とだんだん上げになり、一二月、正月までに天井値が出ます。だから六月のうちから急ぐ必要はありません。よく考えてください。その年の古米の状況、作柄、人気の加減など、そのときそのときで違います。けれども遅かれ早かれこのような年には必ず上がります。

九八、肥後米より筑前米は四匁程度低い。
筑前米より加賀米は五匁程度低い。
筑前米より中国米は九匁程度低い。
筑前米より荘内米は七匁程度低い。
例年の地方差は、だいたい以上のつり合いです。

九九、当限の相場では、たとえ利益が少なくても早めに見切っておきなさい。

第百章　土《ど》用《よう》入《いり》並《なら》びに節替《せつがわ》り陰陽《おんみょう》繰方《くりかた》の事

第百一章　甲乙《こうおつ》並《なら》びに不成日《ふじょうび》の事

一〇〇、土用入節替りの節、陰に入、陽に入を知る繰り方

一	三	五	七	九	十一
子	寅	辰	午	申	戌
二	四	六	八	十	十二
丑	卯	巳	未	酉	亥

右一日より数へて知る者なり。子の日に入るを陽とすべし、丑の日に入るを陰とすべし、余は之に準ず。

一〇一、十干　甲乙丙丁戊己庚辛壬癸

不成就日

正月	七月	三日	十一日	十九日	廿七日
二月	八月	二日	十日	十八日	廿六日
三月	九月	一日	九日	十七日	廿五日
四月	十月	四日	十二日	二十日	廿八日
五月	十一月	五日	十三日	廿一日	廿九日

一〇〇、土用（立春、立夏・立秋、立冬の前のそれぞれ一八日管）の入り（初日）や、季節が変わる節目の陰陽は次のとおりです。一日から数えて繰っていきます。子の日に入るのは陽。丑の日に入るのは陰。ほかは表のとおり。

一〇一、十干とは、甲、乙、丙、丁、戊、己、庚、辛、壬、癸のこと。ものごとが成就しない日は次の表のとおりです。

※表はいずれも原文を参照。

たとえば二十七日なら十二の次は一へ戻って十三、十四と繰り返して数えるんだよ
占い師みたいですねえ

第百二章　六月土用《どよう》入《いり》丑《うし》の日の事
第百三章　七月七日雨の事
第百四章　秋の彼岸《ひがん》の事

一〇二、六月土用の入六日の内に、丑の日有れば、秋風早く立故、作悪しきなり。但し、二日目三日目にあれば、別けて悪しし。四五六日に有れば、夫程もなし。但し、又入る日より五日目雨降れば、見分能く共、取り実不足なり。三日目に雨あるを、土用三郎と云ふ。其上、此年高下著じるし。又三日の内、寅の日あるも悪しきなり。是は二日目に丑の日ある故、三日目に寅の日を言ふなるべし。一日に五日宛、秋五六三十日に当る　故、大切の日取なり。

一〇三、七月七日の雨、大雨は夫程になし。少雨は大に作に悪しきなり、違ひなし。

一〇四、秋の彼岸、一日にても九月へ掛る時は、決して不作なり。此事違なし、後るるが故なるべし。九月へかからず共、八月廿日過なれば宜しからず。但し、彼岸七日の内酉の日有れば、大風吹くに相違なし。

一〇二、六月土用入りの六日のうちに丑の日があれば、秋風が早く吹いて作柄が悪いです。二、三日目に当たれば特にそうです。四～六日目ならそれほどでもありません。土用入りの日から五日目に雨が降ると、一見作柄が良く見えても実りは少ないです。三日目に雨なら土用三郎といって、この年は相場の高下が激しいです。初日から三日のうちに寅の日があるのも良くありません。二日目が丑になるからです。六月土用の入りから六日間は、稲の実りにとって、普段の五日分、秋の日の三〇日分にあたるほど決定的な影響力があるもので、一年の米の良しあしが決まる大切な時期です。

一〇三、七月七日が雨の時、大雨ならさほどではないが、少ないと作柄は必ず悪くなります。

一〇四、秋の彼岸（秋分の日の前後三日間を合わせた期間）が一日でも九月にかかる時は必ず不作です。暦の日付けに遅れがあるからです。九月にかからないまでも、八月の二〇日過ぎにかかっても良くないです。彼岸の七日の間に酉の日があれば間違いなく大風が吹きます。

これくらい
詳しくないと
「神様」には
なれないん
ですね…

第百五章　日蝕《にっしょく》の事
第百六章　厄日《やくび》の事
第百七章　三木《さんぼく》の事

一〇五、日蝕は、四ツ前時より八ツ過迄に有れば、作に悪しきなり。其外前後は、構なしとなり。然れど、日食月食ある年は、是迄大少となく不作なり。

一〇六、厄日は八十八夜無難なれば、二百十日無難なりと云ふ。但し、二百十日無難にても、三日目酉の日有れば、此日大風なり、此事違なし。寛政九年、三日目酉の日大風なり。

一〇七、甲乙三ケ月続く時は、大風吹くべし。丙丁三ケ月続く時は、早すべし。戊己三ケ月続く時は、米穀高しと知るべし。庚辛三ケ月続く時は、米穀不足、論あり。壬癸三ケ月続く時は、米高ふして人死す。

右、春夏秋冬、時に寄て、大風、米穀日早等の儀、考ふべし。天明六年、九月朔日より庚丑、十月朔日庚未、閏十月朔日辛未、三ケ月続く。此年二十六俵八分、十月十六日十六俵四分天井なり。此年、彼岸八月廿八日なり。

一〇五、日蝕は十時から二時頃までなら作柄に悪い影響があります。そのほかの時間なら影響はありません。しかし日蝕、月食がある年は、大小問わず不作です。

一〇六、厄日は、八八夜（立春から数えて八八日目）が無難であれば、二一〇日（立春から数えて二一〇日目）の間は無難と言われています。しかし、二一〇日から三日目が酉の日だと、この日は必ず大風が吹きます。例えば寛政九年がそうでした。

一〇七、月末に木（甲乙）の日が三ヶ月続く時は大風が吹き、三ヶ月続くのが火（丙丁）の日なら旱ばつです。続くのが土（戊己）の日なら相場は高く、金（庚辛）の日なら米不足で争義が起こります。水（壬癸）の日なら米が高く、餓死する者が出ます。春夏秋冬、大風、米殻（古米の残量）、日照り（旱ばつ）など、考え合わせると良いでしょう。天明六年の九月一日が庚丑、十月一日庚未、うるう年の十月一日辛未、三ヶ月続きましたが、この年は米不足で（十両につき）二六俵八分、十月一六日一六俵四分で天井になりました。この年の彼岸は八月二八日だったのです。

家中の点検も私の日課なんです一緒に歩きましょう
はあ
しかし先生暦ってそんなに当たるのですか
そうだねもともと暦は天文学だからね
人間も自然も宇宙の一部ですから宇宙の法則に左右されます
暦にはその法則と時間の関係が表されているのではないでしょうか
冬至↓
夏至↓
陽
陰
一年のうち冬至から夏至までは「陽」夏至から冬至は「陰」です
さらに春夏秋冬を五つの気に還元します
四季の境目は土の気でこの日を土用と言います
土用の日にはものごとを生かすと同時に殺すという両義作用があるのです
春
木の気
土
夏
火の気
土
秋
金の気
土
冬
水の気
土

第百八章　朔日《ついたち》火《か》木《ぼく》三ツ四ツ続く事
第百九章　丑《うし》の日辰《たつ》の日の事
第百十章　一《ひと》つ目《め》ニツと申《もうす》事
第百十一章　朔日《ついたち》より四五日頃迄《しごにちごろまで》の事

一〇八、朔日　火四つ続く時は、其年旱す。同木三ツ続く時は、其年度々大風あり。何れの月にても、水五ツ続く時は、五水種を失ふとて、度々大洪水すとなり。但し、此事掟木ならず、考ふべし。

一〇九、丑の日、辰の日、米安き日なり。但し、丑の日底直段、天井直段出る日なり天井底の節気を付くべし。

一一〇、一目二ツと高下なしと云ふことは、位付の書の目のことなり、心得べし。

一一一、朔日より四日五日頃迄、一ツ目二ツ目潜る米は、通の内の買相場とあり。是は、前に記す天井後の下相場の時、前月より其月初めに高き時は、其月上ると云事なり、心得べし。

一〇八、月初めに火が四ヶ月続く時は、その年意は旱ばつです。また木が三ヶ月続けば、その年はたびたび大風が吹きます。さらに、どの月でも水が五か月続くと「五水種を失う」といって、たびたび洪水になります。ただし、必ずしもあてはまるわけではないから、考えて用いてください。

一〇九、丑の日、辰の日は値の低い日です。しかし丑の日の場合は底値とともに天井も出ることがある。ですから天井か底かの変化に気を付けなさい。

一一〇、正月、二月の相場は大きな高下はなく、正月に下げれば二月は上げ、正月に上げれば二月は下がる。心得ましょう。

一一一、正月、二月において、一日から四～五日頃までで、前日より少し高くなるときは保ち合いの中でも買い場です。天井のあとの下げ相場で、前月から月初めが高ければ、その月は上がりません。

月初めに火が続いたら干ばつ
月初めに木が続いたら大風
丑の日は
天井か底です

第百十二章　米商心得方の事《こめあきないこころえかた》

第百十三章　一天心得方の事《いちてんこころえかた》

一一二、二ツ仕舞、三ツ十分、四ツ転じの事は、前に記し置くなり。右米商は、上ゲ下ゲより出で、心の道の多きこと糸筋の如し。此商を心掛る人は、前条の趣意、常々油断無く見明らめ、考ふべし。悉く見極むる時は、自然と米の強弱を知るなり。此書を能々見明らめ売買を致す時は、仮令其年天災、不時作の豊凶、米の多少買船の多少、人気を以て、何程相場動きても、利を得ずと云ふことなし。必らず必らず、他見無用、専ら慎むべし。

一一三、一天曇りなき時は、三日の内洪水すと云ふ古言あり、誠に然り。数日快晴続く時は、決して其後長雨なる者なり。又六七月、快晴、一天曇りなく温気甚しき時は、極めて二三日の内、大雨する者なり。年に寄り長照りになる時は、二十日、三十日、其余も降らざることあり、時に寄り考ふべし。

一一二、二つで仕舞って、三つで充分、四つ転じ、のことは前にも記しました。相場というのは上げ下げを見て売ったり買ったりするものですが、心が千々に乱れて糸が絡んでしまうものです。相場に臨もうという人は、こういうことを常に心に留め、油断なく見極め考えなさい。すべてよく見極めれば自然と相場の強弱はわかるものです。この書をよく読んで売買すれば、たとえ天災、不作、米の貯蓄の多少、人気の強弱によって相場が動いても、利益を得ないはずはありません。ところで、この書は決して誰にも見せてはいけませんよ。

一一三、一点の曇りもない空のときは、三日のうちに洪水が出るとの諺があります。これは本当なんですよ。数日、快晴が続くと必ずそのあと長雨になるものです。また、六、七月に快晴で雲ひとつなく、温かい空気が充満しているときは、二、三日のうちにきっと大雨になります。年によっては二、三〇日かそれ以上照り続けて雨がないこともありますから、天候はそのときどきに応じて考えてください。

ご苦労さま なにか 過不足は ありませんか
ええ 大丈夫です
今日はよく晴れて 洗濯日和だねえ
どうせ また 相場のことを 考えているの でしょう あなた
ははは…
いや まあ 天気も相場も すべてが 関連し合って いるので…
つい つい…
まったく あきれちゃう わね
だけど本当に この人の 頭のなかって 天気見ても 相場のことが ピンとひらめく かんじだよなあ

第百十四章　霜月限《しもつきぎり》天井底《てんじょうそこ》売買の事

第百十五章　通ひ《い》の高下《こうげ》見切《みきり》の事

第百十六章　大阪相場五ケ条の事

一一四、霜月限の商、数月の内前後はありと雖も、買方の思入も当り、売方の了簡も当ることあり。仮令ば、買方利運に趣ても、天井を買重ぬる時は、不利運になるなり。又買方損米有ても、天井行付の処売込む時は、利運になるなり。上げ詰めて下げ、下げ詰めて上る、陰陽の道理なり。

一一五、通ひの高下は、十俵高下を的にして、手早に見切ること第一なり。

一一六、大阪、九月廿七八日頃の相場は、東国筋作合、大概相知れ申来るなり。大阪、十月十七日立代りなり。二十日頃迄の相場申来る故、十一月六日頃着するなり。大阪、十二月十一日大調べ相場は、十二月廿七八日頃着なり。大阪越年米、並びに四日初相場、正月廿四五日頃着なり。大阪、五月七日立代りなり。十日頃迄の相場申来る故、五月廿三日頃着なり。

一一四、新米は、数ヶ月の前後はあっても、買い方の思惑も売り方の思惑も当たることがある。例えば買い方に利が乗っているときでも、天井で買いを重ねたら利運が悪くなります。売り方で損が出ていても一年で一番の天井で売り込めば利に乗ることができます。相場というのは上げるだけ上げたら下げ、下げるだけ下げたらあとは上がる。これは陰陽の道理です。

一一五、保ち合い相場では十俵の高下をメドにして早めに見切ることが大事です。

一一六、大阪相場の九月二七日、八日頃には、東国筋の作柄はたいがい織り込み済みです。大坂では十月一七日が建米替わりとなっていますが、二〇日頃までの相場情報は十一月六日頃当地に影響してきます。大坂相場の一二月十一日（決算）の情報は、一二月二七、八日に到着します。大阪での年越し米、新年の立ち会い状況は、正月二四、五日伝わります。大坂では五月七日にも建米替り出るが、十日頃までの当地では五月二四、五日頃です。

良い
お庭ですねえ
広いし
よく手入れ
されて
いるし
どうも
それより
なんだか
お疲れの
ようですね
大丈夫ですか
はあ
よくわかりますね
実は
暦のあたりから
頭がぼーっとして
しまって…
そういうときは
体を動かすと
良いですよ
走り
ましょう
ええっ
ま
待って
ください
よ～
先生～っ
ははは
タ―ッ
センセ
速い

第百十七章　肥後米立物《ひごまいたてもの》の事
第百十八章　米金差繰易《べいきんさしくりやす》き人、並びに不自由なる人の事
第百十九章　金《かね》沢山なる時の事

一一七、肥後米立物になる年は、高下荒く、大方上げ勝なり。登り詰むる時は、其返し至りて早し油断ならざる米なり。

一一八、米金差繰易き人、買方に向くなり。米金不自由なる人は、毎度売方に向くなり。夫故少の上にも、買返しに騒くなり。

一一九、金沢山なる時は、米安き方なり。是米に思入なく、歩金に出るなり。金不足の時は、米高き者なり。是米に思入多き故なり。

一一七、肥後の米が建て米（基準）になる年は、相場の高下は激しいものの、たいてい上がります。上りつめるときはその反転が非常に早いです。油断ならない米です。

一一八、資金繰りに余裕のある人は買い方に出向きます。資金繰り出来ない人は売り方に出向きます。なので、ほんのちょっとの上げにも買い返すのに大騒ぎです。

一一九、世間の金が沢山あるとき、つまり金融が緩慢なときは米は比較的安いです。相場で思惑買いするよりも、米札を抵当として貸し金を引き出す方に向かうからです（当時、相場は米しかなかったので金融資本は米相場に集中した）。逆に金融がひっ迫しているときは相場は高い。米に皆の思惑が殺到するからです。

あのー もしかして
ぜー
はー
損をしやすい人って いるんでしょうか
ぴた
よく わかったね
第一章でも 言ったように最初の 踏み出しが肝心
初心がどうかですべての 方向が決まってしまう
つまり 損をしやすい 初心というのが あるんですか
焦りや混乱から 踏み出した ものはうまく いかないよ
相場というのは それくらい 厳しく初心の あり方が出る
よくよく わきまえて くださいね
パシャ

第百二十章　冬買船手落《ふゆかいふなておち》又落《またおち》ざる年の事
第百二十一章　まふ《もう》はまだなり、まだはまふ《もう》なりと申《もうす》事

一二〇、冬買船手に落ざる年は、翌春より段々景気付、米上ると心得べし。冬買沢山に船手へ落る年は、春中より必ず不景気なるものなり。但し、左様の年は、五六月より上るべし。

一二一、まふはまだなり、まだはまふなり、と云ふことあり。但し、数日最早時分と思ひ取りかかるに、見計らひ悪しければ、間違ひになるなり。まだまだと見合せ居る内に、遅るることあり。

一二〇、冬の買い船の出来高が少ないときは（買いたいのに買えない状況なので）春から段々景気が上向き、米も上がると思いなさい。逆に冬に沢山船の買いが出たときは、翌春は下がります。ただしこういうときは五、六月から上がります。

一二一、「もう」は「まだ」です。「まだ」は「もう」です。数日見て、もういいだろうと思って取りかかっても、見当が甘いと間違った判断になります。だけど、「まだまだ」と思って見合わせていると、これがまた乗り遅れることにもなるんだよねえ。

耳の痛い話ですね
正直いってあれこれ思ううちにわけがわからなくなります
さっき一一二章で「心の道多き事糸筋の如し」と言ったのはそういうことなんだよ
考えれば考えるほど思考がからまってしまう?
そう
でもそういうときはどうしたらいいんでしょう
どんなときでも三位の秘伝ですよ迷ったときは必ず思い出してください
あ そうか そうでしたね

第百二十二章
霜月《しもつき》限《ぎり》買入《かいいれ》秘伝の事

一二二、霜月限、大方六月初まるなり。偖新米、七月節入る日より中の日の間にて、買入甚だ宜きなり、決して此間底直段出る者なり。尤も、此月の丑の日底直段出る時は、急に引上る者なり。七月中の日の末より利運に向く時は、油断なく買入るる者なり。此間の新米買入置不利運と云ふことなし。但し、古米夏中天井直より百俵下げに気を付べきなり。其年により、百三四十俵も引下げ新米商出る事あり。其節は極めて底直故、上に掛る時甚だ厳敷なり、急ぐべきなり。但し、此教、国々豊作にして、国々上作唱へ七月の節に入日より七月中の日迄の間、丑の日之れ有り底直出る時は、一筋に買入るべきなり。若し六月の節前より作難出で、中の節頃迄に三十　四十俵も上る時は、急に買ふべからず、七八月の中の天井出るか、亦十一月迄すはりになるか計り難きなり。若し其年六七月中に照り無く雨又虫付なる時は、四十俵上げにても買うべきなり。七月節に入日より中の日の間さへ買へば、高直の米にても利有と決して思ふべからず、若し心得違の時は、損することあるべし、考ふべきなり。

一二二、新米相場はおおかた六月から始まります。これを七月始めから中旬の間に買い入れるのはとても良い。このとき底値が出るものだからです。もっともこの月の丑の日に底が入ったときはそのあと急騰しますから油断なく買います。この間の新米を買っておくと損はない。古米は夏中天井値から百俵下げることがあるので気を付けて。年によって一三〇、四〇俵も引き下げて新米が（古米より下サヤで）出ることがある。このときの新米はしっかり底値で、一旦上がると急騰しますから買いを急ぎなさい。全国的に豊作で七月初旬から中旬までの間に丑の日があって底値が出るときは買い一筋です。もし六月から稲作に難が出て、中旬までに三、四〇俵も上がるときは急いで買うべきではありません。こういうときは七、八月の中頃に天井が出るのか、また十一月まで保ち合いになるのか、予想し難いからです。もしその年の六、七月中天気が悪く、雨または虫害が出れば四〇俵上げでも買うべきです。ただし「七月初旬から中旬の間さえ買っていれば高値の米でも利が乗るんだ」と都合良く思い込まないように。心得違いのときは損をしますよ。相場をよく見て考えるように。

新米相場に
ついてです
やっぱり
七月前後は
目が離せないね

第百二十三章
買米之有《かいまいこれ》り相場引上《ひきあげ》の節心得《せつこころえ》の事

一二三、買米之有り強気の処、相場引上る時は、上留りの考もなく、猶々買募り、至りて高直の処買の重ね、不利運になることあり、是慎むべきなり。是を取留るには、千両の買を先づ五百両分売返べし、米の強弱を見るべし。天井行付知れざる故、残らず売返すも宜しからず、売付にて利分取留るも、同じ心持なり。引下る時は、何程下るも知れぬ様になるものなり。上の時に同じ、能々考ふべし。

こういうの身に覚えがあったら要注意だよ
はは
い

一二三、買っている米が強気のときに、相場も上がってきたりすると、つい、いずれ天井を売って止まるものだということを忘れてどんどん買い重ね、大損する人がいる。これは慎むべきですよ。こういう事態を避けるには、（相場の一段下げの段階で）千両の買いをまず五百両分いったん利食いするのです。そして相場の強弱を見なさい。天井の見当がつかないなどといって、残らず売ってしまうのは良くないです。売りで利を売る場合も同じ心持ち。下がるときはどれくらい下がるかわからないものですから、上げのときと同じように慎重に考えてください。

第百二十四章
霜月限年々《しもつきぎりねんねん》の作合《さくあい》を以《もっ》て掛引《かけひき》の事

一二四、霜月限商、其年々、作合古米高直安直の釣合を以て五六十俵より百俵安に商初、二十八九俵より三十俵位始る年は、近年大概上作にしても、十俵二十俵位下るなり。二十七八俵より始まる米は、二三十俵下る者なり。四十俵下底にて、極稀なり。二十五六俵より初る米は、五六十俵下底なり。右七八月迄底直段出、八九十月より、多少に依らず段々起き上がり、十一十二月正月迄に、天井直段出ると心得べし。上かかる米には、算盤を取らざる者なり。百俵上げを的にして、七八十俵上げ迄片買と心得べし。但し、其年の作方に依り、百俵上げに限らず、百二三十俵より四五十俵、特に寄百七八十俵も上ることとあり。其年の上方諸国当地近国作合を以て考ふること、肝要なり。先づは、百俵上げを通例とす。大体の年は、此百俵上げを出だす時は、是年中の天井直段なり、又年中の売場なり。火の中に飛入る心持にて売るべし。三四ケ月四五ケ月見計らひ、持替へ送る時は、大利疑なし。此外常に売方致す時は、決定大損なるべし。又此天井直段出る後、何程悪作年、何程思入候共、翌夏迄決して持べからず。若し誤りて強気張る時は、身上釣替の損なるべし。堅く慎むべし。天井直段出る後は、さつぱりと仕舞三四十日休み、三位の伝を以て米の強弱を考へ、商仕掛くべし。此休むことを知らざれば、何程利運に向ふとも、極意は損出るなり。返す返す、心得肝要なり。

一二四、新米相場は年によって作柄、古米の高値安値の釣り合いで、五、六〇俵から百俵くらい下サヤで始まりますが、二八～三〇俵くらいで始まる年は、当分上作の年が続いても十～二〇俵くらい下サヤです。二七、八俵で始まる相場は、二、三〇俵下サヤで、こういう相場で四〇俵下サヤだったらそれは底値です。さらに二五、六俵で始まる相場なら五、六〇俵下サヤが底です。

以上の場合は、七、八月までに底値が出て、八、九、十月から多少によらず段々上がり、十一、一二、正月までに天井値が出るものと心得なさい。上げかかった相場では、さあいいですか、決めたら算盤勘定抜きで思いきり買うんですよ。百俵上げを目標にして、七、八〇俵上げまで買い続けなさい。その年の作柄によって百俵に留まらず、一二〇、一三〇俵または一四〇、一五〇、時によっては一七〇、一八〇俵も上がることがあります。その年の各地の作柄をよく考慮に入れて下さい。まずは百俵上げを通常の標準とします。

だいたいの年はこの百俵上げ位で天井打ちで、ここが売りの急所となります。この天井を逃さず、火の中に飛び入るの心を持って売りなさい。三、四ヶ月、四、五ヶ月と相場の動きを見て、売り送って行けば大きく利を得ることでしょう。ほかの所（天井以外）でも頻繁に売っていたら大損です。天井がでたあとは、どれほど凶作の年であっても、どんなに思い入れがあっても、翌夏までは決して持っていてはいけません。もし間違って強気をはったときは、身代を潰すような大損になります。気を付けてくださいよ。

大天井のあとではすべて手仕舞って、三、四〇日休んで基本に戻り、冷静に相場をよく見て改め、出直すのが良いのです。この休むということを知らないと、どれほど利運に恵まれてはいても、結局損になっていくのです。しつこいですが、よくよく覚えてくださいね。

本当にお詳しいですよねえ
お米が好きなんですよ

サヤの話が出たけど そのとき そのときの状況による細かいことだから
この説明は とばしたほうが あなたには親切かな？
あ そうですね でも新米と古米の話 興味深かったです
それなら良かったけど
ところで先生 酒田罫線って先生が作られたんですか？
酒田罫線⁉ そんな名前のものはないなあ
まあ 相場の上下を簡単な図にして善兵衛さんに説明したりはするけど…
未来ではこれを使って売買している人がたくさんいて考案者は先生ではと言われています
ははは それは光栄だね

第百二十五章
上方筋《かみがたすじ》当地《とうち》作合《さくあい》見計《みはから》ひの事

一二五、九州其外当地共、平作の年には、深き高下なし、見計ひ肝要なり。諸国当地共、四分か半作前後の年にて、地方人気立、黒人素人旅客共買進み、亦郷方札納、夫食当等迄も買取候程の年、何程上るも知れぬ様になる故、段々買孕み多く、持詰る故、前年十八九俵二十一二俵位天井直段にて、三四月船盛り迄二十二三俵にて下らざる米は、船手も買有りはざる故、相場保合、米持退屈し、六月になり、順気能く作方克き気聞之、時により人気悪くなり、特に六月は、黒人素人共に仕舞月故、六月末迄大下げ疑なし。此事、不作年、中作以上の年、前年の天井より夏米の引合、買孕、売明の考へ肝要なり。

一二五、九州その他、当地、ともに平年作のときに大きな高下はありません。見計らいが肝心です。諸国も当地も、四分か半作の年で地方で人気が上がり、玄人も素人もわざわざ地方に出向いて買い、藩に納める租税としての米や貧農貸し付け用の米まで買い取られる。すると際限なく上がるような気分になって買い孕み、手持ちが多くなりすぎてしまう。その場合、前年一八、九俵から二一、二俵で大天井を打っていて、翌三、四月船の買い手が盛んになっても二二、三俵くらいで下がらないと（高いので）買い手が出ずに保ち合いになります。持っている人は退屈し、そのうち次の収穫の作柄が良いとなれば、人気はあっという間に下がって六月は大暴落です。このように相場というのは、不作の年、中作以上の年、前年の天井から翌夏への影響、買い方の買い膨れ、（船で）買いに来る人の予約空売りのことをよく見極めて張るものです。

あれ　この話
さっきのと
似てますね
大切なことは
繰り返したほうが
よく覚えられるんだ

第百二十六章 米商《こめあきない》附《つき》出し大切の事
第百二十七章 商《あきない》利運《りうん》の時心得《こころえ》の事
第百二十八章 底直段を見極むる事

一二六、米商は、附出し大切なる者なり。必らず売買共進み急ぐべからず。急ぐ時は、決して手違出ると心得べし。今日より外に、商場なしと進立候時、二三日四五日、米の通ひを得と考へ仕懸べし。秋冬共、底直段出ざる内幾月も見合せ、丈夫なる時仕掛くべし。

一二七、商利運に向ふ時、勝に乗るべからず。百俵上近き時は、唯無難に取留る事を工夫すべし。必らず強慾を思はず、無難に手取して商仕舞、休むこと第一也。

一二八、底直段を見極め買出す時は、其間の高下に迷ふことなく、立派を決め、百俵上げ前迄、片買と心得べし。

一二六、相場は最初の踏み出しが大切です。仕掛けというか、スタートのタイミングといいますかね、絶対に売買いを急いではいけませんよ。急ぐと手違いが起こるものですからね。「今日を逃したら大変」と勇み立ったときは、二、三日でも四、五日でも相場を良く見て考えて仕掛けて下さい。秋冬ともに底値が出ないうちは、幾月も見合わせ、大丈夫な時に仕掛けなさいね。

一二七、利運に乗っているとき、図に乗ってはダメですよ。百俵上げが近いと思ったら、ただただひたすら「どうやって漏れなく手仕舞うか」だけ考えなさい。決して欲にかられないで無難に利益を収め、手仕舞って、そして休むことです。

一二八、底値を見極めて買うときは、途中の高下に惑わされることなく、方針を定めて、百俵上げの前まで買いで突っ走りなさい。

そろそろ休憩なさったら？
お茶室ご用意しましたから
うん
ありがとう
未来のお方にお茶をたてて差し上げましょう
どうぞこちらへ
ところで…さっきから休め休めと言うのはねそれだけ相場には魔力があるからなのだよ
魔力…？
そうだから意図的にその力から自分を開放してやることが必要なんだ
甥の光丘が私を絶縁したのもその魔力を薄々感じていたからかもしれないな…
自分や店の者がそんなものに巻き込まれることを恐れたんだね

第百二十九章　我一分《われいちぶん》の了簡《りょうけん》立て間敷《まじき》事

第百三十章　月々《つきづき》干支《かんし》上ゲ下ゲの事

一二九、我一分の了簡にて売買すべからず。年中三位の伝に引合せ、上るか下るかを得と考へ、前広より段々見合、仕掛け置くべし。

　買方、八分の利なり。

　売方、二分の利なり。

一三〇、甲乙　丙丁上げとす。戊己　庚辛　壬癸下げとす。右十二ケ月の下月の干支なり。丙丁に天井直段出る定なれども、多くは甲より上ること度々なり。年中之に当る節、多少に限らず上げなり。但し、其年により、前後天井出ることあり。又二十年にも一度、戊　己　庚　辛へ後るることもあるなり。

ここからは
〔〕内と
重複する内容が
多くなっています

一二九、自分独りの主観的な狭い了見で相場に手を出してはいけません。年中三位の伝に引き合わせて、上がるか下がるかをよく考え、前々から動向を先取りして見極めそのうえで仕掛けなさい。買い方は八分の利です。売り方は二分の利です。〔第六七章〕

一三〇、甲、乙、丙、丁、は上げ。戊、己、辛、壬、癸は下げ、とする。

これは一二ヶ月上げ下げの干支です。丙丁に天井が出る定めだけれど、甲から上げに向かうことが多いです。年の中で甲に当たるとき、多少にかかわらず上げがあります。その年により、（甲の）前後に天井が出ることがあります。また二〇年に一度、戊、己、辛、壬の月になって上げることもあります。〔第一一章〕

第百三十一章　八専不成就日《はっせんふじょうじゅび》の事
第百三十二章 三年塞酉《ふさがりとり》の方《かた》へ廻《まわ》る年の事

一三一、天一天上　八専　丑日　不成就日

右、米段々上げ、百俵上位に成り、此日に当りて高直段出る時は、是れ年中の行付天井直段なり。但し、此日計に限り、天井出ることにも非ず。十に八九迄、此日天井出ることなり。極々稀には、唯の日、天井出ることもあり。年々の例は、繰にて考えるべきなり。

一三二、三年塞、酉の方へ廻る年は、米上るなり、違なし。但し、安廻りの年柄、又は米札申分出で、御蔵米滞、品沢山等の節は、右に押さると、考へ用ゆべし。右三年塞酉の方へ廻る年、秋冬天井直段、其後正二三月迄三四十俵下げなり。持合の時、正二三月甲の月に当るときは、五六十俵上げ決して之有る者なり。甲乙に上らず、丙丁に上るなり、疑ふべからず。

一三一、天一天井、八専、丑の日、不成就日

これらの日には、相場は次第に上げになります。この日に高値が出たら、それが一年中で一番の天井値です。ただし、天井が出るのはこの日だけというわけではないのです。十中八九はこれらの日に天井が出るけれど、ごく稀にはただの普通の日に天井が出ることもあります。その年その年については暦を繰って考えてください。〔第七九章〕

一三二、三年塞がり酉の方へ回る年（陰陽道でこの年回りのときは三年間、凶とされる）は、上がります。しかし、豊作で安い年だったり、米券の空札発行で不渡りが出たり、古米が沢山あるときは、一概には言えません。この年回りは、秋冬に天井値が出て、正月から二、三月の間に三、四〇俵の下げがあります。保ち合いのときで、正月から二、三月が甲に当たる年は、必ず五、六〇俵上がります。この場合は甲、乙の月に上がらないで丙、丁の月に上がります。〔第七八章〕

第百三十三章　七月甲《きのえ》に当《あた》る年の事
第百三十四章　船手冬買時《ふなてふゆかいどき》の事
第百三十五章　霜月限商利運《しもつきぎりあきないりうん》の時の事

一三三、七月甲に当る時は、数年の内、上方当地共、夏中決して天災あり。遅き早きは格別、大方急上になるなり。是に当る時は、油断すべからず。

一三四、十一、十二、正、右三ケ月は、船手冬買時なり。五六十俵上にて落引の米は、決して売ること無用なり。百俵上位にて落引の米は、売方と心得べし。但し、春夏の米にて、乗米なき節は、百俵上にても、算用に背かざるべし。

一三五、霜月限の商仕当る時は、心持第一なり。譬へば分限に応じ、千俵利分附かば、五百俵取留むる心になるべし。百俵利分ある時は、五十俵取留る様心掛くべし。此心持なき時は、慾に迷ひ天井底にて売買致、苦労の上不利運になるなり。此道を心掛る人、常に此の心持忘るべからず。

一三三、七月が甲月にあたるときは、大坂や当地ともに夏中のうちに天災があります。また、遅かれ早かれ急騰することが多いです。こういうときは注意してください。

一三四、十一～正月までの三ケ月は、冬の船の買い手が入る時期です。この時五、六〇俵上げで売り方に追証がかかっても決して売ってはいけません。百俵上げくらいになってから売るものです。ただし、春夏の米で、買い増しがない場合は百俵上げでもまだ採算の見込みがあります。

一三五、新米で利が乗っているときは心構えが第一です。例えば自分の分限（動かせる額）に応じて、千俵も利が乗っていれば、その半分の五百俵分は利食いするつもりでいてください。百俵の利があるときは五〇俵分です。こういう心がないと、欲に迷って天井で買ったり底で売ったりして、苦労の末に損することになります。この道を心掛ける人は、常にこの心を忘れないでください。

第百三十六章　通《かよ》ひにて下相場《さげ》の事
第百三十七章　買米利運取留心得《かいまいりうんとりとめこころえ》の事
第百三十八章　商《あきない》急ぐべからざる事

一三六、通ひにて下相場は、月頭に上げ、月末廿九日晦日迄に下げ候者なり。

一三七、買米利運になり候に付、二三俵方も取留申すべくと、売返す事あるなり。是は商の道知らざる故なり、甚だ宜しからざるなり。売返し候迚、少しも安堵ならざる者なり。新米の底は、最気附時は商出ず、急に引上る者故、売買連落になり、手取り之無く、其上、十一月迄数月の間故、甚だ苦労多し、其上急に引上る時は、其返し又々下落の心遣ひ出るなり。売買手の内にある時は、昼夜油断無く、右図を以て駈引致し、十一月晦日迄毎日油断なき様心掛くべき事なり。

一三八、商進み急ぐ可からず。売買共に思入進み候時は、今日より外、商場なき様に思ふ者なれども、是は功者なき故なり。幾月も見合せ、通を考へ、慥なる処にて仕掛くべきなり。無理に、天井直段底直段の考へなく仕掛る故、手違になるなり、是急ぐ故なり。

一三六、保ち合い相場の中での下げは月頭に上げ、月末に下げます。

一三七、買った米が利が乗っているといって、二、三俵くらい（の利）でも売って取ってやろうと売り埋めすることがある。これは商いの道（戦略）を知らないからやってしまうのです。非常に良くないです。売り埋めても少しも安心できません。新米の底が起き上がったときは、商いする間もなく急に上がるものなので、利益は取れません。そのうえ十一月の決算まで数カ月の間、気が気ではないでしょう。急騰したときの売り返しの分が下がる心配もあります。売り買い両建てでやる場合は昼夜心安まるときがありません。図を用いて駆け引きし、十一月末まで油断なく心掛けるべきです。

一三八、焦りは禁物です。売り買いともに自分の思い入れで「いま以外にチャンスはない」と思うものだけれど、これは経験が浅いからです。幾月も見合わせ、動きを考え、確かなところで仕掛けるべきです。天井、底を見極めないまま無理に仕掛けたら失敗します。原因は、急ぐ心です。

第百三十九章
心易《やす》き人にも売買《ばいばい》進め間敷《まじき》事

一三九、何程心易き人にも、売買を進め申間敷なり。若し了簡違ふ時は、恨みを得るなり。総て相場高下の論致まじきなり。此道を心掛る人は、我了簡を立てず、人の了簡にて商する人はなき筈なり。少々にても図に当る時は、募り、了簡を立たがる者なり。是第一慎しむべき処なり。勿論、慥なる高下を見定め、打明け人に語り進むる時は、人も其気になる故、二三俵方も利を得る人は、一俵方ならで利運ならざる者なり。確なる処を見据候はば、人々に拘はらずして、売買致すべく候。尤、世の中に随ひ、諸国作合、豊作凶作、上方相場、九州様子聞合せ随分宜きなり。存念は決して人に語るべからず、是大極意なり。常々専ら慎むべし。

一三九、どんなに親しい間柄の人にも、相場の売買を勧めてはいけません。もし失敗したら恨みをかいますよ。だいたい相場の高下の論議すらしてはいけないのです。相場をやる人で、自分の考えではなくて他人の意見で決めるような、そんな人はいないはずです。少しでも当たるといい気になって人に「こうするといいよ」などと吹聴したくなるものですが、これ、慎んでくださいね。もちろん、確かな高下を見定めて、これを人に打ち明けて相場を進めていくときもあるでしょう。しかし、人もその気になるので、二、三俵の利益を得るはずのところが一俵くらいの利益すら上げらないものです。確かなところを見極めたら、人には語らず、ひとりで売買すべきです。もっとも世の中のこと、諸国のこと、作柄、大阪の相場の動き、九州の様子など、人に問い合わせるのは良いことです。しかし、自分の考えは決して人に語ってはいけません。これが極意です。常に心掛けてください。

他言無用と
言いつつ
あなたと
しゃべって
いますけどね
だって
わざわざ未来から
会いにきて
くださったん
ですから
特別扱いしても
いいでしょう?
でも
わかる
気はします
人間て
勝手に解釈する
でしょう
どうも
そうなんだ
自分で決めて
自分で責任を持つ
これができない人には
話せないね
相場は
自分との
戦いです
だから
手助けも
無用なのです
茶室の入り方って
わかるかな
あ
いえ
じゃあ
ちょっと
見ててね

第百四十章　前年売方《うりかた》にて利運《りうん》の人心得《こころえ》の事

第百四十一章　下げ相場にて利運落引《りうんおちびき》の節心得《せつこころえ》の事

一四〇、前年売方にて利運得たる人は、兎角売気離れ難く、売気に向く者なり。以の外、宜しからず。新米出初候ては、前年の心さつぱりと離れ、其年の作の様子、物の多少、人気の次第を考ふること、第一なり。先秋米は、買方を第一にすべし。夫共、算用にも釣合にも合わざる直段なる時は、夫より了簡を致すべき事なり。前年買方にて利運致人も、右同断なり。

一四一、下相場にて利運落引あり、繋ぎ等になる時は、早速買返す者なり。十分致し申さ甲内、落引之無き前に、買返す事第一なり。且又、売方にて、少々買も之有り、売の分残らず落切になり、買の分持になると心得、売返すこと甚だ宜しからざるなり。札方又は御蔵米にても滞り候はば、格別なり。二落も引下ることは、決して之無き者なり。上の相場の心持とは大違いなり。二ツ仕舞、三ツ十分、四ツ転じ、是下げ掛引、第一の伝なり。

一四〇、前の年に売り方で利益を得た人は、とかく売り気から離れ難く、売り方に片寄りがちです。これはもってのほかです。宜しくないです。新米相場が新しく始まったら前の成功のことはさっぱり忘れて、その年の作柄、古米の残量、人気のことを考えなさい。まず秋は買い方を第一に考えてみて、採算的にも買い方ではつり合いが合わないような高値だったら、そのときはじめて売りを考えるべきです。前年買い方で利益を得た人も同様に気を付けなさい。

一四一、下げ相場で売り方に利運のある追証があって、買い方が繋ぎ止めてきたときは、売り方は素早く買い戻しなさい。充分下がって（底になって）いなくても、また、追証がかかる前であっても、買い埋めると良いです。売り方で、少々買った分があって、売りの分は全部うまくいったときに、買いの分だけ持ち越しになると考えて、改めて売り込んでいくのははなはだ良くないのです。米券の受け渡しやお蔵米に支障があるときは特別ですが、それ以外は下げ相場で二度も追証がかかることはないからです。ここが上げ相場と違うところです。二つ目で手仕舞い、三つ目ですべて利食い、四つ目で転ずる。これが下げ相場の駆け引き、第一の伝です。

前の成功に
とらわれていたら
必ず失敗します
シャ
シャ
シャ
すっ
いつも
ゼロから
スタートですよ
いただきます
ああ
なんだか
体に
しみわたる
な…
コン

第百四十二章　落《おち》に掛《かか》る人掛引《かけひき》の事
第百四十三章　夏中雨勝《あめがち》にて育ち候《そうろう》米の事
第百四十四章　平日心得《へいじつこころえ》の事

一四二、落に掛る人は、掛引第一なり。仮へば、上相場にて利運落断りある節は、底直段を考へ売返すに及ばざる者なり。底の買落にならば、尚々買重ねても善きなり。百俵上げを的にして上げ掛り候へば、底の買、二タ落計りも落る者故、此処考へ者なり。夫共、百俵上近き時は、早速仕舞、取留る者は取留ること、第一なり。

一四三、夏中雨勝にて育ち候米は、翌五月の頃より節の頃迄、米痛み、下げ之有る者なり。此商至りて掛引六ケ敷物にて、第一作割を得と考へ、算用に背かず致すべきなり。

一四四、唯平日此米上るか下るかを考へ、仕掛申すべき事肝要なり。

一四二、追証がかかった場合は駆け引きが第一です。ここが戦略の見せどころですね。例えば上げ相場で（下がって）売り方に利の乗る追証がかかっているとき、買い方は値ごろだからと言って売ったりしないように。底で買ったものなら、なおさら買増しして良いのです。百俵上げを目標に上げに入った相場は、底値での買いは二度くらい売り方への追証があるもので、その辺りよく考えてください。百俵上げが近くなった頃にさっそく手仕舞いし、取れるものは取っておくことが大切です。

一四三、夏中雨が降った年の米は、翌五月頃から七月頃まで、米の品質が悪くて下がるものです。こういうときの相場は大変難しいもので、作割（何割くらいの収穫か）をよく考え、計算の方針をしっかりさせて取りかかりなさい。

一四四、ただのなんでもない平日に、相場が上がるか下がるか考え、その上で仕掛けることが肝心です。

陰陽道に もとづいた いろんな 特別な日の暗示を 生かすためには 平素の状況を つかんで いないと だめなんだよ
わかるかな?
いえ あまり…
暗示が 現実にはどんな形で 表れるのか それは 普段の現状把握が できていないと 気づけないんだよ
平常の流れが わかってはじめて
特殊な状況を 生かせるように なるんです
さて ちょっと のんびり しちゃったね
もう少し がんばり ましょう
では あちらへ

第百四十五章　買米《かいまい》の節心得の事
第百四十六章　年中、商手《あきない》の内にある時の事
第百四十七章　一日の相場を考へ商《あきない》致《いたす》宜《よろ》しからざる事

一四五、買米ある時は、始終強気張る者なり。此時必至々々と上る時は、全体強気故、何程上るも知れずと思ひ、此間買遅れの心にて時分を待兼、買気進立時、我存念を潰し、此書を守り申すべき事。

一四六、年中、商手の内にある時は利運遠し。折々仕舞候て、休み見合せ申すべき事、第一なり。

一四七、一日の相場を考へ、商致すは宜しからず。三位の伝を以て高下を考へ、上げ下げ二ツの内、何程より上げ、何程迄下げ、何程にて止る、其節上方相場此方作合を考へ、始終は如何と丹念致、例へば買に付時は、此間の狂ひ高下に拘はらず、立派を極め、しつかりと買出すべきなり。思入当り引上る時は、勘定の通り取留る者なり。然るを、安き処にては買と心掛け、高き処にては売と心掛るは、金高に計りなり、手取不足なる者なり。上と見込む時は、米の一体を考へ、片買と心得べし。若し又了簡違ふ時は、早速売返し休み、得と米の動きを見るべし。其節弱く相見へ売過す事易き者なり、甚だ宜しからざるなり。是非引下げ候と存じ候ても、売らず休むべし。天井行付直段の後、売方に趣くも、同じ心持なり。

一四五、買い玉のあるときは始終強気を張るものです。このとき相場が上がれば当然十人が十人とも強気になるので、どこまでも上がる気分になる。こういうときは買増ししなくてはと焦って買い進むものですが、そういうときは我欲の念を押し殺し、私の言ってきたことを思い出して守ってください。

一四六、年がら年中相場をはっている者は利運に遠い人ですね。時々はすっかり手仕舞って休むことが大切です。

一四七、一日の相場だけみて手を出すのは良くないです。三位の伝をもって相場の高下を考え、どこから上げで、どこから下げか、どの辺で止まるか、大坂の様子はどうか、地元の作柄はどうか、始終相場の行き先水準を丹念に考える。そして買いにつくときは途中の上下に惑わされず、方針を決めてしっかり買いに出るべきです。予想が当たって上げになったら、予定通りに利食いする。しかし大きな流れを見ずに、安いところだといっては買い、高いところだといっては売りというのは、心が勝手な金の計算ばかりになって、利運に恵まれないものです。上がると見込むときは、米の大勢を考えて、買い一筋でいきなさい。もし予想がはずれたら早々に売ってしまって休みを取り、相場をよく見るべきです。そのとき相場はいかにも弱く見えて売り越しやすいものだが、これははなはだ良くないのです。必ず下がると思ってっも売り越さずに休みなさい。天井打ちの後で売り方につくときも同じです。

出るときは
こうするんだよ
さて…
ここだけの話
ですが
年がら年中
売買を
したがる人は
あまりうまく
いかないことが
多いんだ
あ
ども
落ち着きが
ないって
ことですか
そうだねえ
心にゆとりが
ある人は
落ち着いて
現状を把握し
利益を得る
逆の人は
逆の結果に…
心にゆとり…
ですか
そうだよ
秘伝には
書いてない
けれど
心の豊かな
立ち居振る舞いを
している人が
結果的には
豊かになるんだ
…ちょっと
書き物があるから
待ってね

第百四十八章　年中の内両三度より商場《あきないば》なき事

第百四十九章　商致節金高見積《あきないいたすせつきんだかみつもり》の事

一四八、年中の内、両三度より外、商致処之無き者なり。此米、二三ケ月も上る下る得と見極め、買気ならば買気立抜く様、売気ならば売気を立抜く様に、其間の高下に迷はず、立羽を定め申すべき事なり。夫とも、少しにても心元なきことあらば、幾日も見合せ、図に当る頃仕掛くべし。時々気を転じ候ては、利を得ることならざるなり。

一四九、商致す節、何程の金高に売買致すべしと、分限に応じ相定め申すべき事なり。仮令ば買方ならば、先づ少々計り仕掛け、右の買米、少々たりとも利分付候はば、段々買入れ、最初心掛し金高に積り、都合調ひ候はば、動かずしつかりと上げを待つべし。其節、思入の外上る時は、慾に迷ひ勝に乗じ、高直の処にて、分限不相応の金高買重る故、手違になる者なり。引上る時は、最初積りの金高、慥かに取留むべくと工夫すること第一なり。売方も右同断の事。

一四八、一年の内、相場を張るチャンスは二、三度くらいしかないものです。この相場は二、三ヶ月上がる、下がるとしっかり見極め、強気なら買い貫き、売り気なら売り貫くように。その間の小さな上下は気にせず、立場を守ること。少しでも納得できないことがあったら幾日も見合わせ、かっきり当たる時を狙いなさい。その時々で気を変えたりすると利益は出ませんよ。

一四九、相場を仕掛けるときはどのくらいの資金で、どのくらいの量を売買するか、自分の分限に応じて決めておくべきです。例えば買い方ならまず少々仕掛け、少しでも利が乗ったら少しずつ買増しし、最初に見積もった金高まで来たらもう動かないで、しっかり上げを待ちなさい。予想以上に上がったからといって、欲に迷って勝ちに乗じて、高いところで分限不相応の買いを重ねると失敗をするものです。上げ相場では、最初の見積もりの範囲内で、確かな利益を得ることを工夫することです。売り方も同じです。

具体的で
参考に
なりますね
ありがとう
ございます
うん
だけど実はね
一か八かの
大勝負というのも
好きなんだ
大きな声では
言えないけど
予想の限界を超えて
己の読みと
判断に
賭けてもいいと
思えるときは
わくわくするね
そんなときは
未知の世界に
飛び込む
強烈な
「快」です
そういう感覚と
冷静沈着な感覚の
バランスがあれば
大きく成功する
でしょう
さら
さら…
でも　これは
着実な積み重ねが
あってこそできること
最初はくれぐれも
堅実にね
はい

第百五十章　急に高下《こうげ》の節心得《せつこころえ》の事
第百五十一章　持合《もちあい》の時
慰《なぐさ》みに商《あきない》仕《し》掛《かけ》間敷《まじき》事

一五〇、米急に引上る節、思入に売付くべしと、売気に赴くべし。又急に引下る節、買入申すべきと買気になるべし。但し、上げ留め下げ留め知れざる故、売放れも少し危し。併し此処売るべし買ふべしの心持なき時は、上詰の処にて買ふ者なり。又下詰の処にて売る者なり。右心持必らず伝なり。

一五一、相場持合の時、うつかり慰みに、商仕掛ることあり、甚だ宜しからず慎しむべきなり。此商、強て初念の思入れ離れ難き者なり。余程黒人ならで、見切出来ざる者なり。例へば、百両売附候て、少々上る時、最初踏出しの百両分に、念を残して買ふことを忘れ、又々売重る心になるなり。段々上る時は、此処にて売ならしすべしと売込む故、自然金高成嵩み後々は、売返しも買返しも自由ならず、大事に及ぶなり。附出し商を、慰の様にうつかり仕掛る商より発るなり。仮へば、百両分仕掛ける共、容易に心得べき者なり。得と米の通ひ運を見定め、作割金割等を考へ、売買共附出し申すべきこと事也。

一五〇、相場急騰のときも、慌てずに、どこで売るか考えておいたところで売りに出なさい。また暴落のときも同じです。どこまで上がるか下がるか予想はできないので、売り放し、買い放しも少々不安ではあります。しかしここで売るべし、買うべし、の水準指針がないと、天井で買ったり、底で売ったりしてしまうものなのです。この心得が秘伝です。

一五一、保ちあいのとき、うっかり退屈しのぎに相場を仕掛けてしまうことがあります。すごく良くないですね、こういうの。慎んでください。相場というのは、最初の思い入れから離れることが難しいものです。よほどの玄人でないと、（失敗に気付いたときに）「損切り」というのができないものです。例えば百両売ってから少し上がってしまったとき、「しまった」と思って最初の百両売りのことが頭から離れなくなってしまう。損を取り戻さなくちゃとばかり考えて、買い戻すことを忘れてしまい、売り重ねばかりしてしまいます。だんだん上がるときは、ここで売ってやろうと（今度こそきっと下がると期待しながら）ますます高値で売り上がり、膨れ上がって売り返しも買い返しもできないほどになってしまう。こういうことは相場をうっかり軽はずみに仕掛けるから起こるのです。だから、百両分仕掛けるとしても、安易な気持ちでやらないこと。じっくりと相場の運びを見定め、作柄や相場の水準を考えて慎重に、売買いを始めてください

さて
だいたい
わかって
きたかな
はい
よし
台所に行こう
さっきの魚
さばくぞ
せ
先生って
料理もされるん
ですか
上手いもんだよ
見ていてごらん
そうら
いくぞ！

第百五十二章　秋米《あきまい》は売方《うりかた》無用《むよう》の事

第百五十三章　此書《このしょ》他見《たけん》無用《むよう》の事

一五二、秋米は、何程上作にても、売方すべからず。心に叶わざる相場の時は、休むべし。若し夏中より、古米高直安直の釣合にて、二十五六俵より初る年は、当分売方も然るべし、金高無用、二三百両に限るべし。

一五三、此書、懇意の間柄にても、必らず必らず見せ申間敷なり、全く我一人富まんとには非ず。此書を能々見極めもせず、心安き者に心得、売買致候へば、手違になり、時により身上に拘はり、恨みを受くる故に、必らず必らず他見無用の事、秘すべし秘すべし。殊に三位の伝は天下に稀なる法立にて、知る者数少なし。此法に随て売買致時は、神徳利運にして、損すると云ふことなし。大切に心得、秘蔵すべし。慎しむべし、秘すべし。

一五二、秋米はどれほど上作でも売ってはいけません。確信が持てないようなときは休みましょう。夏中から古米とのつり合いで、秋米が二五、六俵で始まったら、その年はしばしの間売ってもいい。ただしこのときも沢山売ってはいけません。二、三百両くらいにとどめておきなさい。

一五三、この書物は親しい間柄の人にも絶対見せてはいけません。これは自分ひとりが富を得ようというような了見からではありません。この書をよく理解もせずに、簡単に上面だけ読んで（わかったつもりになって）売買すれば失敗してしまうし、ときには身を滅ぼすことにもなりかねません。そうなったときに恨まれても責任は取れないので、絶対人に見せてはいけないのです。秘密にしてください。ことに三位の伝は天下に稀なる法ですから、知る人も少ない。この法に従って売買すれば、神徳利運があって損をすることがありません。大切に心得てください。秘蔵にしてください。内緒ですよ。

さあ 私の手料理だ 召し上がってください
この漬物も 主人が 漬けたん ですよ
すごい
うまい！ 最高です 幸せです
相場も 料理を楽しむがごとく 楽しんで 臨めるようになったら 一人前だねえ！
おお
料理のように 相場を 楽しめるなんて
さすが 相場の神様だ

第百五十四章　作割平均《さくわりへいきん》見様《みよう》の事

第百五十五章　甲月《きのえづき》の繰《く》り方

第百五十六章　年塞《としふさが》りの事

第百五十七章　暦《こよみ》の上下段《じょうげだん》の内にて三日考ふ《う》べき日割《ひわり》の事

一五四、日本作割平均

十分作
四十俵　安直　四掛
卅五俵　中直　三半掛
三十俵　高直　三掛

九分作
卅五俵　安直　四掛
卅一俵五分　中直　三半掛
卅七俵　高直　三掛

八分作
卅二俵　安直　四掛
廿八俵　中直　三半掛
廿四俵　高直　三掛

七分作
廿五俵　安直　三半掛
廿一俵三分　中直　三掛
十七俵五分　高直　三半掛

六分作
廿一俵　安直　三半掛
十八俵　中直　三掛
十五俵　高直　二半掛

五分作
十五俵　安直　三掛
十一俵五分　中直　二半掛
十俵　高直　二掛

四分作
十俵　安直　二半掛
八俵　中直　二掛
六俵　高直　一半掛

但し、右作割、例えば五分五厘より以上ならば、六分の方へ付くなり。尤も、外の違有之故、其年により、米の多少又は作の善悪、能々相考申すべき事。

一五五、甲月の繰り方

繰り月 繰り年	正月	二月	三月	四月	五月	六月	七月	八月	九月	十月	十一月	十二月
甲己の年	丙	丁	戊	己	庚	辛	壬	癸	甲	乙	丙	丁
乙庚の年	戊	己	庚	辛	壬	癸	甲	乙	丙	丁	戊	己
丙辛の年	庚	辛	壬	癸	甲	乙	丙	丁	戊	己	庚	辛
丁壬の年	壬	癸	甲	乙	丙	丁	戊	己	庚	辛	壬	癸
戊癸の年	甲	乙	内	丁	戊	己	庚	辛	壬	癸	甲	乙

一五六、
己午未の年は　東三年　申酉戌の年は　南三年
亥子丑の年は　西三年　寅卯辰の年は　北三年

一五七、
上段　丙　閉日　庚　破日　戊　閉日
右三ケ日、例へば、何にても相場ある者は、此日大に下る。下相場保合来れば、此日より上るの変をなし、存じもよらぬ不時の変を現はす日なり。此事、秘伝書にあるなり。十ケ年の間試し見るに、十が八九迄相違なし、疑ふべからず。右の日前後、能々考うなり。一ケ年の内に、多く之無き日なり。正月より此日取を見定め置き、前後考うべし。又天井にならぬ相場は、此日四五日も前日より急に上ることあり、能々考ふべし。上げ下げ共に、天井底の中直段にて保合ふ相場は、此日前日より変ある疑なし、考ふべし。

一五四、以上の作割で、例えば五分五厘より上なら六分作とする。もっとも必ずこの通りということでもないので、その年により古米の多少、作柄の良し悪しをよく考えるべきです。

（※第一五五章は省略）

一五六、巳、午、未の年は東三年間。亥、子、丑の年は西三年間。申、酉、戌の年は南三年間。寅、卯、辰の年は北三年間が凶作の方向です。

一五七、この三カ日は相場が大いに下がる。すでに下げ相場で保ち合いになっていたら、この月から上がる。そういった思いがけない急変が出現する日なのです。これは陰陽道の秘伝書に書いてあることです。十年の間試してみましたが、十中八九当たっていました。疑うべからず、ですよ。以上の日の前後は、よく注意してください。また、天井にならない相場はこの日の四、五日前から急騰することがあります。よくよく注意してください。上げ相場下げ相場ともに、天井と底の中間値のところで保ち合ったとき、これらの日の前日から急に変化が起こります。注意してください。

参考になるか わかりませんが この表をあげましょう
さっき 書き ました
あ ありがとう ございます
いやー なんだかんだ言って 最終章まで 来ましたね
え これで 終わり ですか
そうです ご苦労さま でした よく聞いて くれましたね ありがとう
じわ
どうしました 大丈夫ですか？
いえ せ 先生が とっても 優しくて…

まるで
死んだ親父みたいで…
――そう
あなたのお父さん亡くなったのかい
私も
たったひとりの大切な息子を十九歳で亡くしましてね
あなたのように若い未来の方が私の話を聞きに来てくれて
とても嬉しかったのですよ
ありがとう
わっ

あの…良かったら昨日のお着物もらっていただけません？
息子の代わりに…
えいいんですか？
大事にします
私も主人も二五〇年先の皆さんが豊かに幸せに暮らせることを祈っております
ありがとうございます
奥様にはすっかりお世話になりました
お料理最高に美味しかったです
お口に合いました？良かったわ
にっこり

頑張ってよ
未来のお兄さん！
どんッ
わ
ドキッ
未来の日本をよろしくお願いします
はははいっ
ではそろそろ戻ります本当にありがとうございました

タイムマシンの雲
もわもわ
このご恩は一生忘れません！
先生直伝の相場の極意しっかり身につけます！
そして先生の人間としての生き方も!!
うんうん
お元気で！
しっかりね

ピカッ
さようなら！
ドドーン
しーん
行っちゃいましたね…
あっけないですね

不思議でした ねえ 未来からの お客さんなんて
本当に… でも 未来が幸せだと 良いですね
まったくだ
私の見つけた極意が 未来でも 役に立つなら なお嬉しい
たくさん儲けて たくさんの人の 役に立ちたかった これが私の本音だよ
はい
私もお金を儲けて 子供に 教育を受けさせて 人の役に立つ 立派な人間に なって ほしいんです
うん

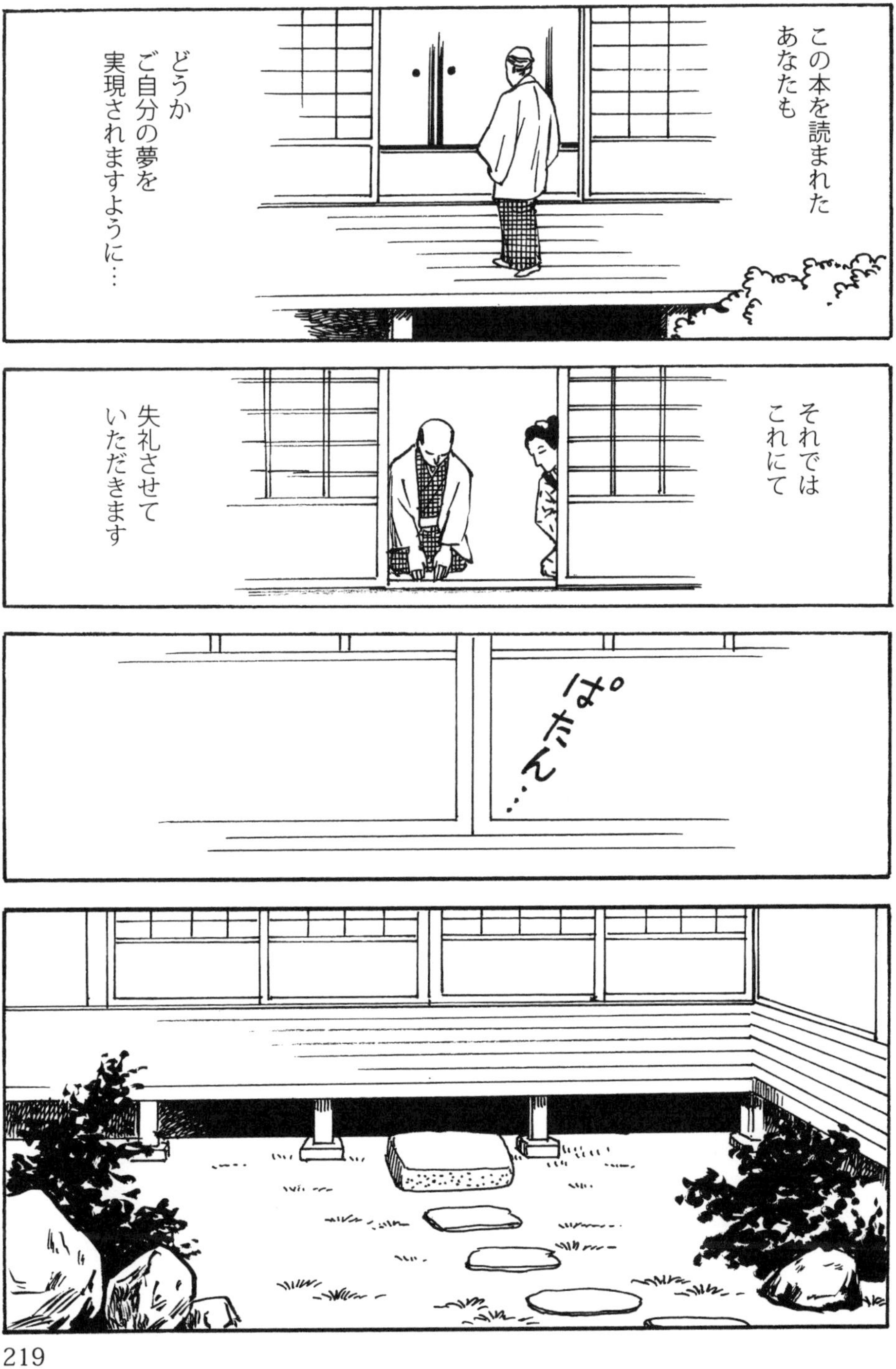
この本を読まれたあなたも
どうかご自分の夢を実現されますように…
それではこれにて
失礼させていただきます
ぱたん…

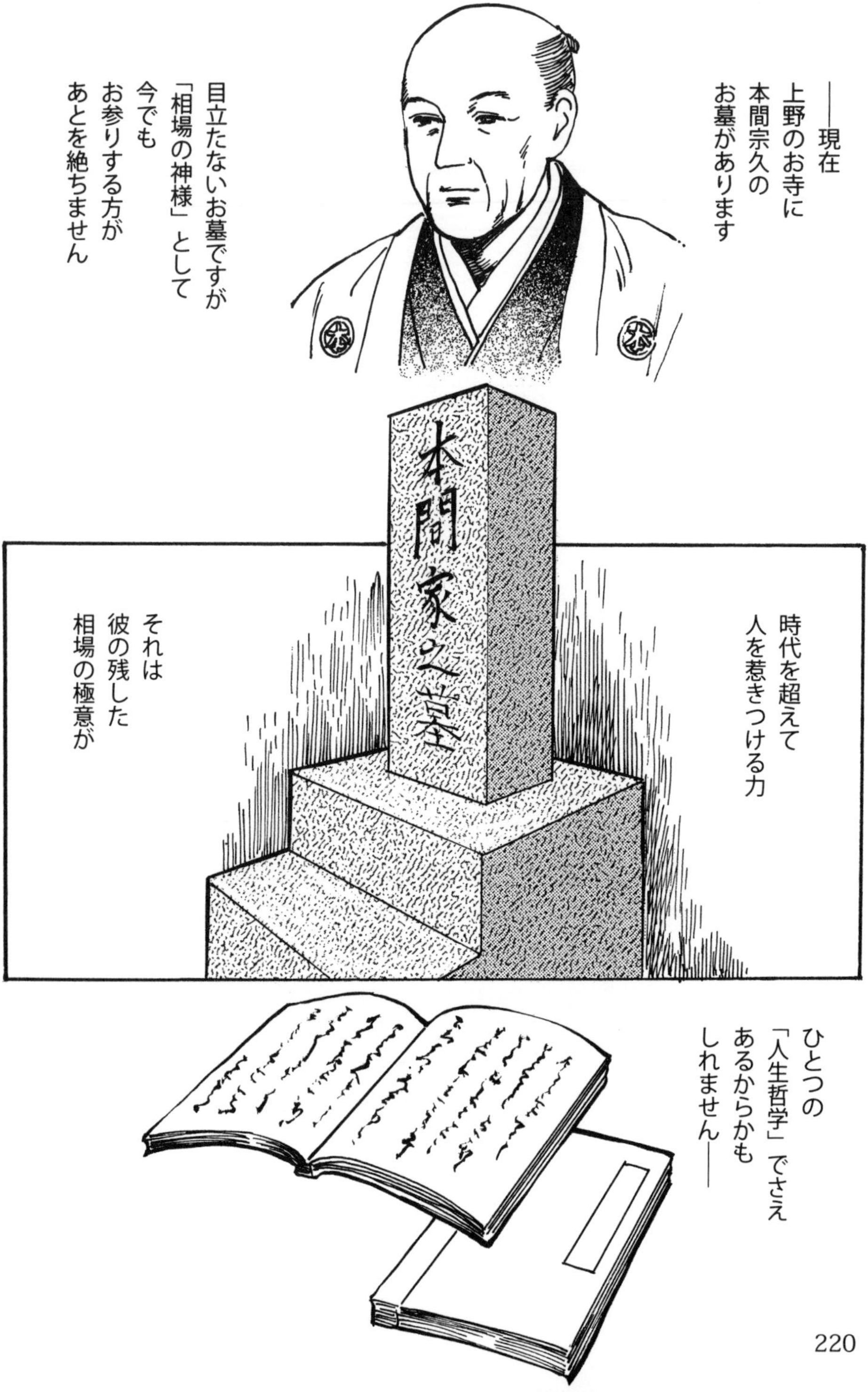
――現在
上野のお寺に
本間宗久の
お墓があります
目立たないお墓ですが
「相場の神様」として
今でも
お参りする方が
あとを絶ちません
本間家之墓
時代を超えて
人を惹きつける力
それは
彼の残した
相場の極意が
ひとつの
「人生哲学」でさえ
あるからかも
しれません――

特別寄稿

酒田罫線法

林　輝太郎

酒田罫線法と外国のケイ線理論

世界的に高く評価されている酒田罫線法だが、いつごろ発明されたか明らかではない。酒田米会所において創始・発達したのか、また、本間宗久が創案したものという定説についても大いに疑問がある。

しかし、日本国内のどこかで創見されたことは間違いない。そして、それが伝播され、記述され、加筆・伝承されたことは確かであろう。

まず、その特色を以下に掲げてみよう。

①日足であること
②陰陽の箱型の書き方をすること
③線の組み合わせで相場の強弱を判断すること
④陽線新値、陰線新値など、酒田新値の数え方を伴っていること
⑤酒田新値による売買法（建玉法）を用いること
⑥一般にいう「大勢の見方」が欠けていること
⑦値の予測がまったくないこと

これらは、①日々の細かい動き、②中勢的な上がり下がり、③大勢的な傾向——という相場の動きを三つに分ける外国のケイ線理論と大きな違いがある。

売買技法を重視する酒田罫線法

一般的にケイ線法は、①高低の予測を主とするもの、②それよりも売買法を主としたもの、の二つに区別できる。酒田罫線法は後者である。

これは、右に挙げた「『大勢の見方』が欠けている」という特徴と不可分の関係にある。酒田罫線法では、現時点およびある程度類推のできるごく近い将来のみを重視して、この小さな波に乗ることを心掛ける。つまり、大中小の波があれば、まず小の波に乗ろうとする売買法であるため、どうしても繊細な技法が必要となり、ここにおいて詳しい建玉法が論じられることになる。それが異常なまでに高度に発展したもの、それが酒田罫線法である。

ただし、小さな波に乗るのが酒田罫線法の神髄ではない。酒田罫線法では小の波の発展したものを中勢の波とするが、これに乗ることを最高の目標としている。また、大勢の波は中勢の波が重なったものと理解しているため、基本をマ

スターすれば、大勢の波にも自然に乗れるようになる。

酒田罫線法の概要と特質

酒田罫線法で使用される日足は、ローソク足と言われるもので、陰線と陽線がある。寄付よりも大引のほうが安く胴体が黒く塗りつぶされたものを陰線、寄付よりも大引のほうが高く胴体が白いものを陽線という。これ以外に寄付と大引が同じ値段のものを、寄引同事という。

ここで、ケイ線を見るときの基本的なものとして、三つの見方を挙げておこう。

①形で見る見方

②傾向で見る見方

③勢力で見る見方

海外では②と③を主力にしているが、酒田罫線法では①の形と型、③の勢力を併用しながら、陰陽の日足を主体にして判断し、経験を蓄積していく。

酒田罫線法では、「大勢的な動き」は目で追い、直観的な動きを認識するだけにとどめる。しかし、もっとも重視する「中勢的な動き」のなかでの順行の動きを、酒田新値の数え方によって力の均衡を見ていく。そして、神経質なほど逆行の動きに気を遣い、建玉法を用いて売買を行うのである。

「日々の動き」では、日足の組み合わせによる形や型を見たり、逆行のときの「押し目」「戻り」の型、酒田新値の出方などを見る。つまり一本の日足や二本から五～六本の集合形を用いて拡大し、それを「見方」だけでなく、売買法である「やり方」まで拡大し、総合的な規範を体系づけているのである。

酒田罫線法の日足の見方

では、具体的な日足の見方を示したい。次ページの図を見ながら概要を述べよう。

なだらかな線Aは「傾向線」であり、これは目で追うだけで記入することはない。まれに斜線Bを書き加えることがあるが、ほとんど重視されない。

左端の部分で、まだ上げ相場と確定していないときはCが逆行であるか、Dが順行であるかは判然としないが、酒田新値の一転機とともに、Cが順行、Dが逆行の動きと認識する。つまり、ここで上げ相場になり、底入れ完了と確認することになる。

このときは、陽線新値の現れ方と底の日足の集合形で見る。

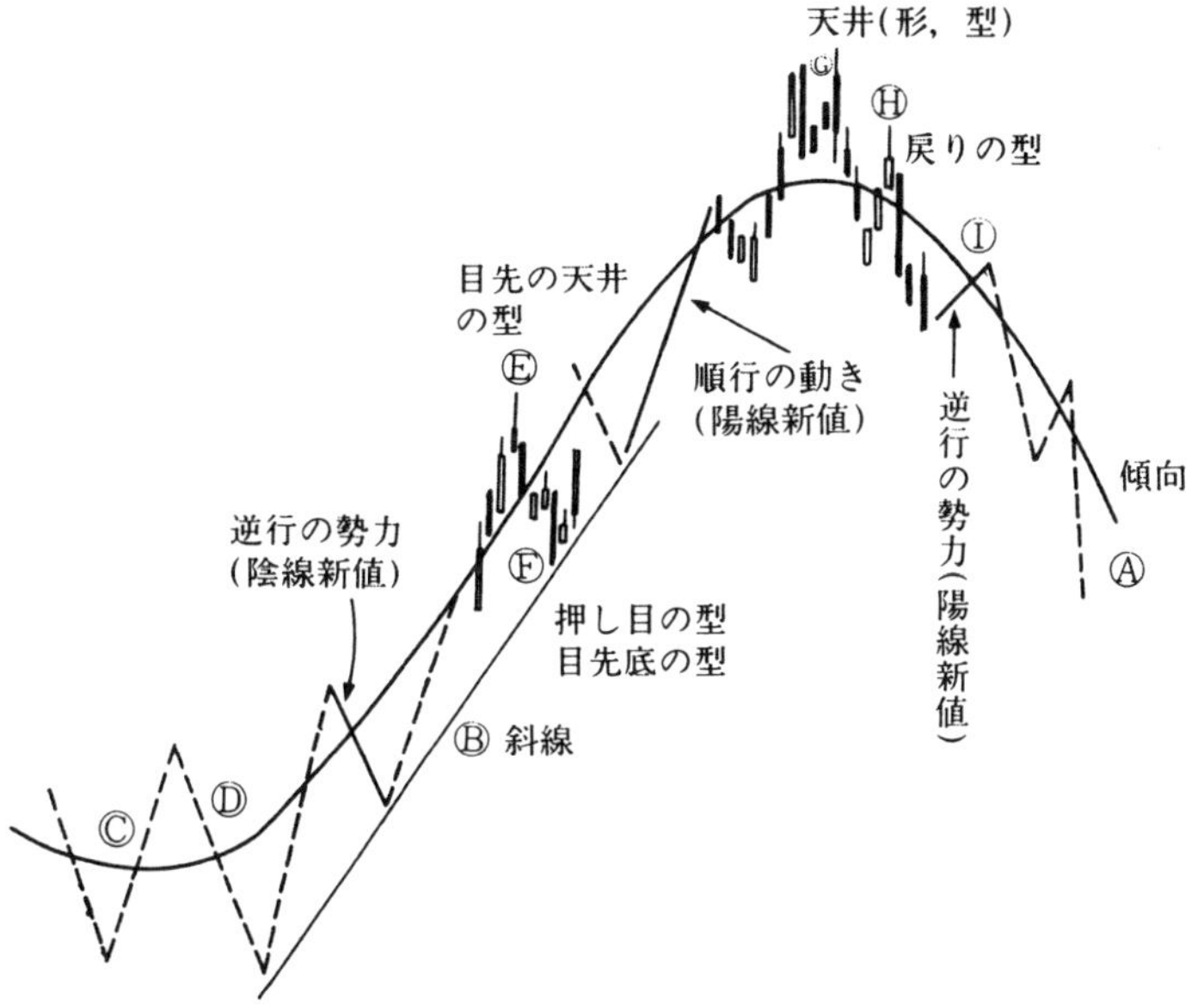

天井（形，型）
Ⓖ
Ⓗ
戻りの型
Ⓘ
目先の天井の型
Ⓔ
順行の動き（陽線新値）
逆行の勢力（陽線新値）
傾向
Ⓐ
逆行の勢力（陰線新値）
Ⓕ
押し目の型
目先底の型
Ⓑ 斜線
Ⓒ
Ⓓ

Eは目先天井。日足の集合形、陽線の新値の現れ方で見る。Fは押し目底、E→Fは逆行の動き。ともに、陰線新値の現れ方を見る。またFでは、押し目の底型を日足の集合形で見る。

Gは天井。天井確認は主として、陰線新値の現れ方によって判断するが、天井型の見方も併用する。高値からの押しは今まで「逆行」としていたが、天井確認後は順行となる。つまり下げ相場の動きと認識し、戻りを「逆行」とする。

Hは戻り。まだ順行（Gを上抜いて、上げ相場の継続）か、逆行（Gで天井を打って、下げ相場に転換）か確定しない場合もあるので、この時点で「戻り」とは呼べない場合も多い。

酒田罫線法の売買法

酒田罫線法は成立当初から、試し玉、本玉、乗せ、ナンピンなどを、資金量によって、枚数や比率を考えて組み合わせることが研究されてきた。多くの売買法に数量が示されていないということを考えると、相当、テクニックが追及されたと考えられるし、これが酒田罫線法の大きな特色のひとつである。

また、ケイ線を見ながら相場を張る者は、順張りか逆張りのどちらかに重点を置くものであるが、酒田罫線法ではその両方を併せ持っているという特徴がある。

ここまでいろいろ述べてきたことをまとめると、酒田罫線法とは、①日足を用いて、②新値を数え、③順張りと逆張りの両方を活用し、④大勢をほとんど無視し、中勢を狙い、⑤経験的なものを重要視するもの、ということができるだろう。

酒田罫線法で大成功した相場師

ここで酒田罫線法を用い、努力してプロになったW氏の例を採り上げてみる。

W氏の元帳と玉帳を見て、驚いたことがある。過去数年間の買いの枚数が、いつも一定なのである（W氏は買いだけしかやらない！）。

W氏は、

－五　　－一〇　　－二〇　　合計三五枚

という買い方しかしないのだ。

もっとも、資金がまだ少なかったときには、

－一　　－二　　－三　　合計六枚

とか、

－二　　－三　　－五　　合計一〇枚

のような買い方をしていたし、資金が多くなってからも、

－二　　－五　　－二〇　　合計二七枚

のようなときもあるが、ほとんどは、

［－五、－一〇、－二〇］なのである。

酒田新値で、陰線新値二本で押し目が終わるようなときは二回しか買えないから、［－五、－一〇］でおしまいである。

そして、これからがW氏の特異なというよりも、良いところなのだが、買った玉は最後の玉を入れた日を含めて一〇日以内に手仕舞いする。また、失敗したときでも一〇日以内に必ず切る。

「日足を描きながら、酒田新値のことを考え続けました。また、図書館に行って、昔の米相場の日足を見ながら新値のことについて考えました。特定銘柄の日足も調べました。そして、先生の会報に発表された新値の統計が正しいことを確認しましたが、こんなに値動きが秩序立ったものであることが分かっているのに、どうして利用する人が少ないのか、不思議で仕方がありませんでした。

多くの人が、悪い玉を持ち続けて大きな損をするのはどうしてか。それればかり考えていました。

もちろん、自分が大損した場合の実例をもとにして、それを防止する具体的な方法を模索し続けたのです。

結論はわかっています。悪い玉は持たないことです。

しかし、そんなことは相場の金言にたくさんあります。あるのになぜ、実行しないのでしょうか。

ルールとか規定とか方法とか、それこそ、それを守りさえすれば、大成功するにちがいないと思われるやり方はたくさんありますが、なぜ実行しないのでしょう。おそらく、『意志が弱い……というよりも〝悪い玉〟を切らなくてもなんとかなる』という、〝生ぬるさ〟ではないかとという結論になりました。

〝生ぬるさ〟のまったくないのが市場ですから、相場に対峙するのには生ぬるさがあってはいけないのですね。

また、ルールは守られてこそルールで、ルールを破ればルールでなくなるのですね」

『マーケットの魔術師』(パン・ローリング)にも紹介されているアメリカの大相場師エド・スイコータ氏は、「どうすれば、あなたのような成功者になれますか」という問いに、「見込みが外れたときには直ちに切る。これだけで成功者になれる」と答えたという。

W氏やスイコータ氏の「悪い玉は切れ」や「見込みが外れたときには直ちに切る」、これがなかなかできない。

しかし、このルールひとつだけを守ればよい。なんとかなるだろう、と切らずにいるのでは、ルールの意味がない。まさに、ルールを破ればルールでなくなるのだ。

W氏は、酒田新値が秩序立ったものであることを検証するとともに、一〇日を期限として玉を手仕舞いするルールを守ろうと決心した。その一〇日ルールとは、利益になった玉にも、ならなかった玉にも適用することにした。そして、「悪い玉は切る」と「一〇日で仕切る」というルールを、ただただ実行した。

実行し始めてすぐにわかったことは、悪い玉の場合、それとわかるのは一〇日もかからないということだった。

何日くらいで「悪い玉」だとわかるのか、についてW氏は、早ければ二~三日、遅くても七~八日だと言った。

これで、W氏が成功者になった「一〇日目売買法」が確立したのだ。

しかし、「ルールを守ること」は、右の「一〇日で仕切る」という非常に簡単なものでさえ、いかに困難か、やってみれば、すぐに分かる。W氏はその簡単なルールを守り抜いて成功した。

そして、一〇年。W氏が事務所に訪ねてきたとき聞いてみたら、「資産は一〇億円を超えました」と言っていた。W氏は、単純なルールを守り続けることで、大成功者になっていたのである。

参考文献

『酒田罫線法』林輝太郎著（同友館・一九九九）
『現代訳 本間宗久翁秘録』山口映二郎著（商取経済通信社・一九七八）
『本間宗久相場三昧 相場道の極意 改訂版』投資レーダー著（投資レーダー・一九九四）
『相場秘伝 本間宗久翁秘録を読む』青野豊作著（東洋経済新報社・二〇〇二）
『本間宗久秘伝「株」必勝術』谷津俊一著（ダイヤモンド社・一九九〇）
『本間光丘』鈴木旭著（ダイヤモンド社・一九九五）
『酒田の本間家』佐藤三郎著（中央企画社・一九七二）
『宗久翁相場全集』早阪豊蔵著（信義堂書店・一九一〇）
『上杉鷹山の経営学』童門冬二著（ＰＨＰ研究所・一九九〇）
『陰陽五行と日本の民俗』吉野裕子著（人文書院・一九九三）
『五行循環』吉野裕子著（人文書院・一九九二）
『大江戸生活体験事情』石川英輔／田中優子著（講談社・一九九九）
『江戸の盛り場・考』竹内誠著（教育出版・二〇〇〇）
『江戸名所図会を読む』川田壽著（東京堂出版・一九九〇）

■著者紹介

本編 : **森生 文乃**(もりお あやの)
3月17日生まれ。愛知県出身。武蔵野美術大学油絵学科卒。講談社『BE・LOVE』新人賞佳作入選の後、デビュー。幼児期の無意識の叫びを描いた『月とブランコ』が話題に。『結婚てなんなの』では主婦の鬱や家族問題を扱い、主要各紙にも取り上げられた。最近では、『細川ガラシャ』、『小野小町』、『ウォーレン・バフェット』など既成ジャンルにとらわれない制作を続けている。
http://www.jade.dti.ne.jp/~ayanosun/

特別寄稿 : **林 輝太郎**(はやし てるたろう)
大正15年生まれ。陸軍士官学校第61期生。法政大学経済学部および文学部卒業。昭和23年平和不動産株10株を92円50銭で買い、利益を上げたのが初めての相場。昭和30年東京穀物商品取引所仲買人、隆祥産業株式会社に入社。昭和37年ヤマハ通商株式会社設立。東京穀物商品取引所の受渡処理委員、資格審査委員および東京穀物商品取引員協会理事、監事を歴任。昭和47年林輝太郎投資研究所を設立。著書に『定本酒田罫線法』ほか多数。
http://www.h-iro.co.jp/

2004年7月22日　初版第1刷発行
2007年4月1日　　　第2刷発行
2009年2月1日　　　第3刷発行
2010年5月1日　　　第4刷発行
2015年2月1日　　　第5刷発行
2020年7月1日　　　第6刷発行

ウィザードコミックス⑤
マンガ　相場《そうば》の神様《かみさま》　本間宗久翁秘録《ほんまそうきゆうおうひろく》
酒田罫線法の源流

著　者　森生文乃
編　集　蔦林幸子
発行者　後藤康徳
発行所　パンローリング株式会社
〒160-0023　東京都新宿区西新宿7-9-18-6F
TEL　03-5386-7391　FAX　03-5386-7393
http://www.panrolling.com/
E-mail　info@panrolling.com
装　丁　新田“Linda”和子
印刷・製本　株式会社シナノ

ISBN978-4-7759-3009-0

ウィザードブックシリーズ 257

マーケットのテクニカル分析
トレード手法と売買指標の完全総合ガイド

ジョン・J・マーフィー【著】

定価 本体5,800円+税　ISBN:9784775972267

世界的権威が著したテクニカル分析の決定版！

1980年代後半に世に出された『テクニカル・アナリシス・オブ・ザ・フューチャーズ・マーケット（Technical Analysis of the Futures Markets）』は大反響を呼んだ。そして、先物市場のテクニカル分析の考え方とその応用を記した前著は瞬く間に古典となり、今日ではテクニカル分析の「バイブル」とみなされている。そのベストセラーの古典的名著の内容を全面改定し、増補・更新したのが本書である。本書は各要点を分かりやすくするために400もの生きたチャートを付け、解説をより明快にしている。本書を読むことで、チャートの基本的な初級から上級までの応用から最新のコンピューター技術と分析システムの最前線までを一気に知ることができるだろう。

ウィザードブックシリーズ 261

マーケットのテクニカル分析 練習帳

ジョン・J・マーフィー【著】

定価 本体2,800円+税　ISBN:9784775972298

テクニカル分析の定番『マーケットのテクニカル分析』を完全征服！

『マーケットのテクニカル分析』の知見を実践の場で生かすための必携問題集！ 本書の目的は、テクニカル分析に関連した膨大な内容に精通しているのか、あるいはどの程度理解しているのかをテストし、それによってテクニカル分析の知識を確かなものにすることである。本書は、読みやすく、段階的にレベルアップするように作られているため、問題を解くことによって、読者のテクニカル分析への理解度の高低が明確になる。そうすることによって、マーフィーが『マーケットのテクニカル分析』で明らかにした多くの情報・知識・成果を実際のマーケットで適用できるようになり、テクニカル分析の神髄と奥義を読者の血と肉にすることができるだろう！

ウィザードブックシリーズ 108

高勝率トレード学のススメ

小さく張って着実に儲ける

マーセル・リンク【著】

定価 本体5,800円+税　ISBN:9784775970744

あなたも利益を上げ続ける少数のベストトレーダーになれる！

夢と希望を胸にトレーディングの世界に入ってくるトレーダーのほとんどは、6カ月もしないうちに無一文になり、そのキャリアを終わらせる。この世でこれほど高い「授業料」を払う場があるだろうか。こうした高い授業料を払うことなく、最初の数カ月を乗り切り、将来も勝てるトレーダーになるためには、市場での実績が証明されたプログラムが不可欠である。本書はこのような過酷なトレーディングの世界で勝つためのプログラムを詳しく解説したものである。

ウィザードブックシリーズ 205

続高勝率トレード学のススメ

自分に合ったプランを作り上げることこそが成功への第一歩

マーセル・リンク【著】

定価 本体5,800円+税　ISBN:9784775971727

トレードはギャンブルではない！

トレードをギャンブル以外の何物でもないと思う人が少なくない。また、そう感じているトレーダーも多い。しかし、毎年、毎月と連続してトレードで利益を上げるトレーダーがいるのも事実だ。どんな方法を使っているのか？ 本書を手引きにすれば、適切なトレードの実行に何が必要かがたちどころに明らかになり、その実行過程で資金管理やトレードのルール、ポジション管理がいかに重要な役割を果たしているかが学べるだろう。

マーク・ミネルヴィニ

ウォール街で30年の経験を持つ伝説的トレーダー。数千ドルから投資を始め、口座残高を数百万ドルにした。1997年、25万ドルの自己資金でUSインベスティング・チャンピオンシップに参加、155%のリターンを上げ優勝。自らはSEPAトレード戦略を使って、5年間で年平均220%のリターンを上げ、その間に損失を出したのはわずか1四半期だけだった。

株式トレード 基本と原則

定価 本体3,800円+税　ISBN:9784775972342

生涯に渡って使えるトレード力を向上させる知識が満載！

株式投資のノウハウに本気で取り組む気持ちさえあれば、リスクを最低限に維持しつつ、リターンを劇的に増やす方法を学ぶことができるだろう。ミネルヴィニは時の試練に耐えた市場で勝つルールの使い方を段階を追って示し、投資成績を向上させて素晴らしいパフォーマンスを達成するために必要な自信もつけさせてくれるだろう。

ミネルヴィニの成長株投資法

定価 本体2,800円+税　ISBN:9784775971802

USインベスティングチャンピオンシップの優勝者！

ミネルヴィニのトレード法の驚くべき効果を証明する160以上のチャートや数多くのケーススタディと共に、世界で最も高パフォーマンスを達成した株式投資システムが本書で初めて明らかになる。

成長株投資の神

定価 本体2,800円+税　ISBN:9784775972090

4人のマーケットの魔術師たちが明かす戦略と資金管理と心理

実際にトレードを行っているあらゆるレベルの人たちから寄せられた、あらゆる角度からの130の質問に、アメリカ最高のモメンタム投資家4人が隠すことなく赤裸々に四者四様に答える！

ウィリアム・J・オニール

証券投資で得た利益によって30歳でニューヨーク証券取引所の会員権を取得し、投資調査会社ウィリアム・オニール・アンド・カンパニーを設立。顧客には世界の大手機関投資家で資金運用を担当する600人が名を連ねる。保有資産が2億ドルを超えるニューUSAミューチュアルファンドを創設したほか、『インベスターズ・ビジネス・デイリー』の創立者でもある。

ウィザードブックシリーズ 179

オニールの成長株発掘法【第4版】

定価 本体3,800円+税　ISBN:9784775971468

大暴落をいち早く見分ける方法

アメリカ屈指の投資家がやさしく解説した大化け銘柄発掘法！ 投資する銘柄を決定する場合、大きく分けて２種類のタイプがある。世界一の投資家、資産家であるウォーレン・バフェットが実践する「バリュー投資」と、このオニールの「成長株投資」だ。

ウィザードブックシリーズ 71

オニールの相場師養成講座

定価 本体2,800円+税　ISBN:9784775970577

キャンスリム（CAN-SLIM）は一番優れた運用法だ

何を買えばいいか、いつ売ればいいか、ウォール街ではどうすれば勝てるかを知っているオニールが自立した投資家たちがどうすれば市場に逆らわず、市場に沿って行動し、感情・恐怖・強欲心に従うのではなく、地に足の着いた経験に裏付けられたルールに従って利益を増やすことができるかを説明。

ウィザードブックシリーズ93

オニールの空売り練習帖

定価 本体2,800円+税　ISBN:9784775970577

売る方法を知らずして、買うべからず
「マーケットの魔術師」オニールが
空売りの奥義を明かした！

正しい側にいなければ、儲けることはできない。空売りのポジションをとるには本当の知識、市場でのノウハウ、そして大きな勇気が必要である。空売りの仕組みは比較的簡単なものだが、多くのプロも含めほとんどだれも空売りの正しい方法を知らない。オニールは本書で、効果的な空売り戦略を採用するために必要な情報を提供し、詳細な注釈付きのチャートで、最終的に正しい方向に向かうトレード方法を示している。

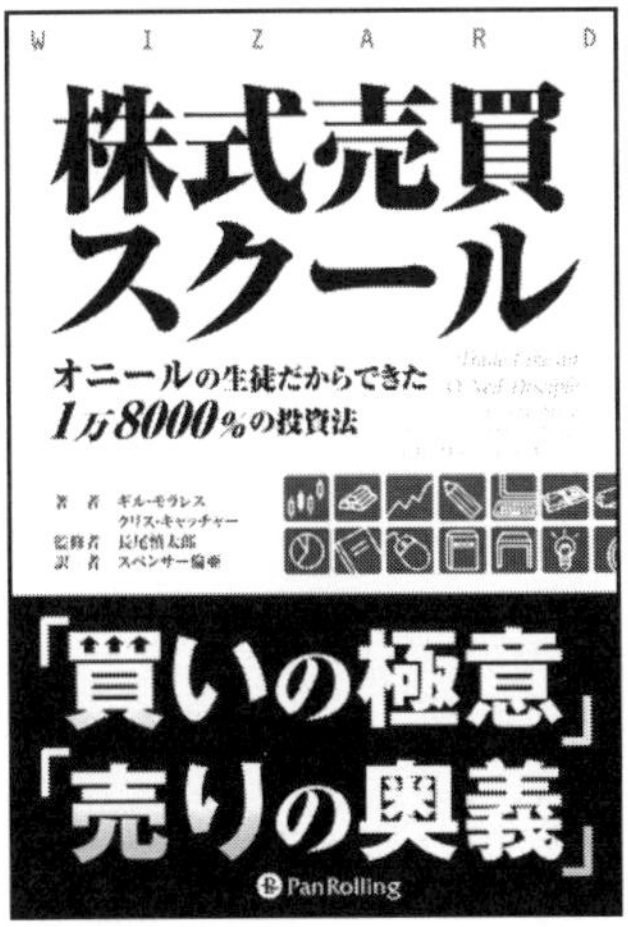

ウィザードブックシリーズ198

株式売買スクール

著者　ギル・モラレス、クリス・キャッチャー

定価 本体3,800円+税　ISBN:9784775971659

伝説の魔術師をもっともよく知る２人による
成長株投資の極意！

株式市場の参加者の90％は事前の準備を怠っている。オニールのシステムをより完璧に近づけるために、大化け株の特徴の有効性を確認。

ギル・モラレス

ウィリアム・オニール・アンド・カンパニーの元社内ポートフォリオマネジャー兼主任マーケットストラテジスト。現在はモカ・インベスターズの常務取締役を務めている。オニールの手法をもとに、１万 1000％を超える利益を上げた。また、オニールと共著で『オニールの空売り練習帖』（パンローリング）も出版している。スタンフォード大学で経済学の学士号を修得。

クリス・キャッチャー

ウィリアム・オニール・アンド・カンパニーの元社内ポートフォリオマネジャー兼リサーチアナリスト。現在はモカ・インベスターズの常務取締役を務めている。オニール手法をもとに、７年間で１万 8000％のリターンを達成した。カリフォルニア大学バークリー校で化学学士号と原子物理学の博士号を修得。

ウィザードブックシリーズ 249

バフェットの重要投資案件20 1957-2014

イェフェイ・ルー【著】

定価 本体3,800円+税　ISBN:9784775972175

現代の一流ポートフォリオマネジャーが、バフェットが投資した企業の当時のデータを現代の視点で徹底検証！

1950年代以降、ウォーレン・バフェットと彼のパートナーたちは、20世紀の流れを作ってきた最も利益率が高い会社のいくつかに出資してきた。しかし、彼らはそれが正しい投資先だということを、どのようにして知ったのだろうか。前途有望な会社を探すために、何に注目したのだろうか。そして、何をどう分析すれば、彼らと同じような投資ができるのだろうか。

ウィザードブックシリーズ 229

グレアム・バフェット流 投資のスクリーニングモデル

ルーク・L・ワイリー【著】

定価 本体3,800円+税　ISBN:9784775971963

「個人投資家」のための初めて開発された伝説的バリュー投資法

本書ではCFP（公認ファイナンシャルプランナー）のルーク・L・ワイリーが、人々に見落とされている優れた会社と素晴らしい投資機会を見つけるためのフィルターを紹介する。

豊富な経験と、幅広いリサーチ、そして健全な懐疑主義を基に、ワイリーは、会社の何を見ればよいのか、どういった条件を満たせばよいのか、そしてなぜそうした判断基準を使うのかを解説する。

ウィザードブックシリーズ 235

株式投資が富への道を導く

定価 本体2,000円+税　ISBN:9784775972045

バフェットの投資観を変えた本！

本書はフィリップ・フィッシャーが1958年に書いた『株式投資で普通でない利益を得る』（パンローリング）の続編である。上の最初の高名な著書は、スタンフォード大学経営大学院で基本書として使われ、ウォーレン・バフェットをはじめ多くの読者の投資観を一変させた。まさしく、バフェットがベンジャミン・グレアムの手法と決別するきっかけとなった本である。

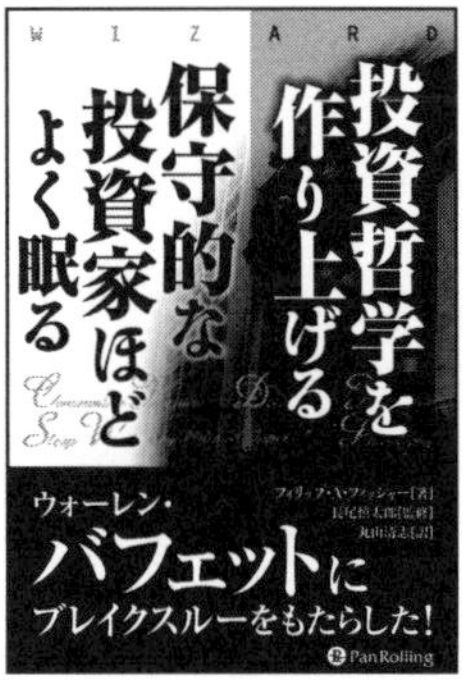

ウィザードブックシリーズ 236

投資哲学を作り上げる／保守的な投資家ほどよく眠る

定価 本体1,800円+税　ISBN:9784775972052

ウォーレン・バフェットにブレイクスルーをもたらした大事な教えが詰まっている！

フィッシャーは全部で4冊の本を執筆したが、本書はそのうち3冊目と4冊目を収録している。1冊目の『株式投資で普通でない利益を得る』（パンローリング）は20世紀に発売された投資本のなかでベスト3に入る名著であり、フィッシャーの最高傑作であることに間違いはない。

ケン・フィッシャー

フィッシャー・インベストメンツ社の創業者兼CEO。同社は1979年設立の独立系資金運用会社として、世界中の年金、基金、大学基金、保険会社、政府、個人富裕層などを顧客に持ち、運用総資産額は400億ドル（約４兆円）を超える。株価売上倍率（PSR）による株式分析、また小型株運用の先駆者として知られる。

ウィザードブックシリーズ 182

投資家が大切にしたいたった3つの疑問
行動ファイナンスで市場と心理を科学する方法

定価 本体3,800円+税　ISBN:9784775971499

投資の"神話"に挑戦し、それを逆手にとって自らの優位性にする考え方を徹底解説！

深い洞察力、アドバイス、投資秘話が満載で、あなたの心をひきつけて話さないだろう。

マーク・ダグラス

シカゴのトレーダー育成機関であるトレーディング・ビヘイビアー・ダイナミクス社の社長を務める。商品取引のブローカーでもあったダグラスは、自らの苦いトレード経験と多数のトレーダーの間接的な経験を踏まえて、トレードで成功できない原因とその克服策を提示している。最近では大手商品取引会社やブローカー向けに、本書で分析されたテーマやトレード手法に関するセミナーや勉強会を数多く主催している。

ウィザードブックシリーズ 32

MP3 音声データCD オーディオブックあり

ゾーン 勝つ相場心理学入門

定価 本体2,800円+税　ISBN:9784939103575

「ゾーン」に達した者が勝つ投資家になる!


恐怖心ゼロ、悩みゼロで、結果は気にせず、淡々と直感的に行動し、反応し、ただその瞬間に「するだけ」の境地…すなわちそれが「ゾーン」である。

「ゾーン」へたどり着く方法とは?

約20年間にわたって、多くのトレーダーたちが自信、規律、そして一貫性を習得するために、必要で、勝つ姿勢を教授し、育成支援してきた著者が究極の相場心理を伝授する!

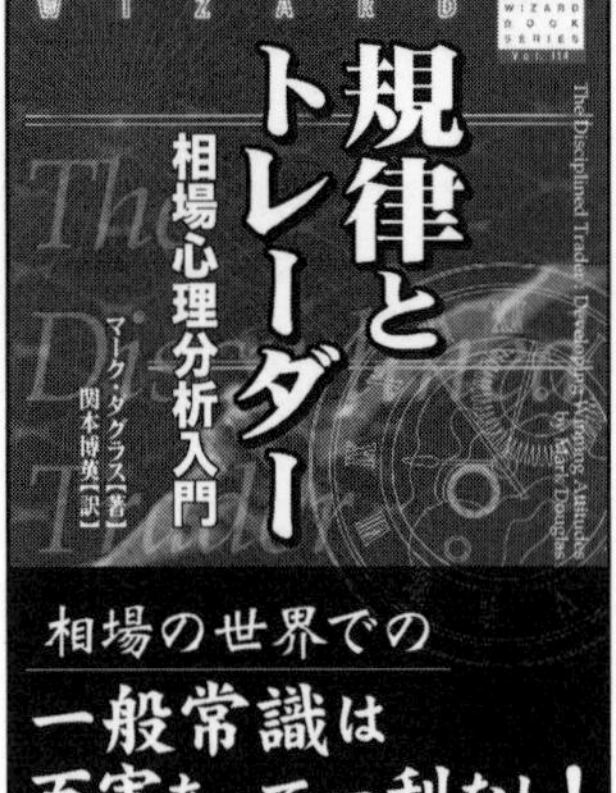

ウィザードブックシリーズ 114

MP3 音声データCD オーディオブックあり

規律とトレーダー 相場心理分析入門

定価 本体2,800円+税　ISBN:9784775970805

トレーディングは心の問題であると悟った投資家・トレーダーたち、必携の書籍!


相場の世界での一般常識は百害あって一利なし!

常識を捨てろ!手法や戦略よりも規律と心を磨け!

本書を読めば、マーケットのあらゆる局面と利益機会に対応できる正しい心構えを学ぶことができる。